Camille Lemonnier

Le Mort

Portrait de Lenain

UltraLetters

Première publication en 1882.

Copyright © 2015. UltraLetters Publishing, Bruxelles.

Tous droits réservés.

ISBN : 978-2-930718-65-1

www.UltraLetters.com
contact@UltraLetters.com

CAMILLE LEMONNIER

« *Aucun écrivain du XIXe siècle, si ce n'est Victor Hugo, n'a possédé, comme Camille Lemonnier, les richesses du dictionnaire, n'a disposé pour formuler sa pensée ou ses sensations d'un nombre aussi considérable de mots: nul ne s'est grisé comme lui de sa puissance verbale. [...] Mais ce ne sont là que les premiers dons que lui a faits la nature. Elle lui a accordé des instincts d'une étrange profondeur, qui communient avec tous les instincts primordiaux de la vie, qui sentent tous les frissons de l'animal, tous les frémissements, tous les appétits, toutes les fécondités, toutes les énergies déchaînées dans la multitude innombrable des organismes vivants.* »

Iwan Gilkin (écrivain et poète belge), *Discours prononcé à l'Installation de l'Académie royale de Littérature, 15 février 1921.*

Au Maître,

à *EDMOND de GONCOURT*

*J'offre cette étude en témoignage
d'admiration profonde.*

Camille Lemonnier.

LE MORT

I

Lₐ ferme des trois Baraque était plantée au carrefour de quatre chemins de terre, dans l'endroit le plus bas du vallon. Celui de ces chemins qui menait à la chaussée, comptait cinq maisons, moitié chaux, moitié torchis, disséminées sur un espace de douze à quinze hectares ; deux des trois autres avaient chacun une maison seulement, et le quatrième longeait, inhabité des labourés, en plein champ. Cela formait un très petit hameau perdu dans une succession de prairies, de vergers, de champs cultivés, où des haies, des rangées de peupliers mettaient des séparations ; et un ruisseau, très mince l'été, filait entre des berges herbues, donnant son nom à la localité.

Les huit maisons vivaient en bonne intelligence, pauvrement, n'ayant de communications qu'avec le village dont elles dépendaient. Une de ces maisons était un cabaret, trois bancs devant la porte, trois à l'intérieur, avec deux tables pour la partie de cartes. Le dimanche, après vêpres, les paysans y allaient, emmenant avec eux les femmes et les enfants. Derrière les clôtures, des vaches paissaient, et deux vieux chevaux, les seuls du hameau, par moments ruaient, dérangés par les porcs. On n'entendait d'autre bruit que le choc des assiettes, à l'heure des repas, le beuglement des bêtes dans les herbages, le grincement de la pierre à aiguiser contre les faux, le battement cadencé d'un fléau çà et là, et, quand il ventait, le ronflement sourd, continu, des arbres au bord du chemin.

La maison des Baraque, contrairement aux autres maisons, prenait jour du côté des champs, ne laissant voir, du côté du chemin, que deux lucarnes étroites, barbouillées de terre glaise, trop haut placées pour qu'on pût regarder à l'intérieur. Elle s'allongeait sur une cour inégalement carrée, où étaient les huttes à porcs, le hangar et l'écurie. À l'angle de la maison et du chemin, s'étalait la mare aux fumiers.

Il y avait à l'habitation deux portes et trois fenêtres, celles-ci bouchées de planchettes de bois et de papier collé, en guise de vitres, avec des morceaux de volets délabrés pour chacune. Une des deux portes ouvrait sur une chambre pavée de briques, à haute cheminée à manteau, le plafond coupé de travées ; et de cette chambre on passait dans une autre où couchaient deux des Baraque. L'autre porte était celle de la grange.

La maison était vieille, ayant été bâtie par le père Baraque deux ans avant sa mort, et ses fils avaient continué à l'habiter, la laissant se détériorer un peu plus chaque année. Depuis huit ans environ, les murs n'avaient plus été blanchis ni au dedans, ni au dehors, et le torchis tombé montrait les falourdes, par de larges crevasses. Une seule réparation importante avait été faite ; le toit de chaume ayant été en partie enlevé une nuit d'ouragan, les Baraque avaient remplacé, sur la partie découverte, le chaume par des tuiles. Des champignons avaient poussé dans ce qui restait du chaume, mêlant leur rosissure tendre au vert profond des mousses, et le toit inégal, tourmenté, déjeté en avant, faisait par-delà la façade un auvent dont l'ombre maintenait une humidité dans le mur. Même l'été, la maison puait le marécage, et la moisissure suintait, comme une lèpre, montant partout.

Nol, l'aîné, avait quarante-six ans, Balthazar, qu'on appelait aussi Balt, en avait à peu près quarante, et Bastian ou Bast, trente-six ou trente-sept ; et tous trois vivaient ensemble, célibataires, ne s'étant jamais quittés.

Balt et Bast étaient maigres comme des clous, le premier, large d'épaules, nerveux, les mains énormes, le second, planté sur des jambes fluettes, voûté, marchant par saccades, chauve. Et Nol avait la tête et les jambes enflées démesurément, à cause de l'humidité de la maison.

Balt était emporté, violent, d'une sauvagesse exaspérée, tendu comme une arbalète ; Bast, au contraire, était farouche, sournois, chien-couchant, pliant devant les gens et se redressant derrière eux, d'une lâcheté basse. Il était pris d'accès de toux interminables, qui le mettaient en sueur et l'obligeaient à se retenir aux meubles, aux haies, la face convulsée, les pommettes en sang.

Il avait les yeux d'un bleu maladif, assez doux, et regardait en clignotant, de côté, sans fixer, avec des éclats vitreux dans la prunelle. Balt, sous de gros sourcils grisonnants, cachait un regard flottant, et un chancre, comme une bête, lui avait mangé la moitié du nez. Quant à Nol, c'était une créature étrange, tenant de l'homme et de la bête. Court, trapu, bouffi et pareil à une souche mal équarrie, il avait les joues soufflées comme des babines, les paupières sans cils, les oreilles pendantes dans le cou, et son crâne, garni d'un petit poil blond roux, pommelait sous une perruque d'un châtain tourné à la filasse et collée par de la poix. C'était la perruque du vieux père Baraque et elle couvrait le milieu de la tête seulement, laissant la nuque à nu sous un bourrelet de lentes.

Nol était idiot.

Il imitait le grognement des porcs, leur jetait des groin groin furieux, s'imaginant que les porcs étaient ses ennemis, ou bien guettait les mouches pour les attraper et les manger, et d'autres fois il s'amusait à plumer vivants des petits oiseaux pris dans leur nid. Il avait une manie, qui était de balayer, et le balayement durait des heures, à la même place, avec un dandinement lent du corps. Les enfants l'appelaient Peke Nol, ce qui équivaut à « petit vieux Nol » et de loin lui jetaient de la bouse de vache. Il marchait les jambes raides, écartées, dans d'immenses sabots rembourrés de paille.

Balt et Bast, pendant ce temps, étaient aux champs, labourant, ensemençant, bêchant, étendant les fumiers, infatigables, avec des énergies de cheval. Ou bien l'hiver l'un allait marauder du bois dans les taillis, glaner des feuilles sèches pour leur lit, tandis que l'autre menait pâturer les verrats sur la route, le long des vergers.

Ils fermaient alors l'habitation à clef, ayant peur de l'idiot, et celui-ci demeurait dehors, tout le jour, jusqu'à leur retour, au soleil, à la neige, à la pluie, rongeant des croûtes de pain, des légumes, de vieux os ou se lamentant avec des vagissements de petit enfant.

Par les gros temps, Balt et Bast restaient à la maison, près d'un petit feu de brindilles, tressant des paniers avec des osiers pris dans la prairie, ou évidant au couteau des sabots, et lorsque les sabots et les paniers commençaient à former un petit tas, l'un ou l'autre allait les vendre dans les villages. Nol, lui, balayait la neige, s'il neigeait, la pluie, s'il pleuvait, les feuilles sèches, quand il ventait, et la nuit dormait entre trois planches, dans l'écurie.

Les Baraque, n'ayant pas de cheval, charriaient eux-mêmes leurs engrais, s'attelaient au soc, une bricole aux épaules, tiraient la herse, faisaient toutes les besognes de la bête, par ladrerie. Le maigre et tremblant Bast tendait alors les reins, ne sentant pas la peine, ses muscles gonflés comme des câbles, et l'échine raidie, tirait, poussait la brouette, transportait les plus grosses charges, roulait à la ville quatre ou cinq sacs de pommes de terre à la fois.

Ils avaient trois poules, un chien décharné qu'on attelait quelquefois à la brouette, une vache et des porcs qu'ils engraissaient.

Toute la semaine, par tous les temps, ils trimaient, de l'aube au crépuscule, réveillés avant le chant du coq et ne s'arrêtaient de travailler que le dimanche, consacré à notre Seigneur.

Ce jour-là, ils se levaient un peu plus tard, s'habillaient, et l'un après l'autre, rarement de compagnie, s'en allaient entendre la messe au village, puis revenaient, la pipe aux dents, les mains dans les poches, et longuement s'attardaient dans leur champ, rejetant les pierres, écrasant du pied les mottes, regardant pousser le blé et mûrir la pomme de terre, ou guettant, une gaule à la main, les oiseaux qui s'en venaient becqueter la semence. Leurs blouses bleues collaient sur leurs sèches épaules, moulaient leurs squelettes éreintés, avec des plis bouffants dans le bas ; et ils rentraient chez eux, sombres, inquiets, écrasés par cette journée de repos, ayant sous la large visière de leur casquette une tristesse noire, infinie.

Rarement une parole était échangée entre eux, et elle était rapide, dite d'une fois, pour n'y plus revenir. On n'entendait dans la maison, quand ils y étaient, que le traînement des sabots, le bruit de l'ouvrage en train, le souffle de Balt à cause de son chancre, et les accès de toux effrayants de Bast.

Leur vie s'était réglée dès la première heure, et ils continuaient à vivre comme ils avaient toujours vécu, ayant une haine commune des voisins, des intrus, du mariage, un même amour sordide de l'argent, une lésine à laquelle ils sacrifiaient les appétits de leur ventre. Ils prenaient le matin un repas à la chicorée, à midi passaient de l'eau sur le marc et mangeaient du pain d'épeautre sans beurre, le soir se nourrissaient de pommes de terre cuites sous la cendre ou bouillies à l'eau, auxquelles s'ajoutait une fois la semaine un morceau de lard. Pas de bière, si ce n'est au cabaret, le dimanche ; et c'était la vie de tous les jours, leurs boyaux crevant la faim, leurs membres tremblant la fièvre, avec des claquements de dents et des grelottements de fausse misère.

Ils couchaient sur des paillasses de feuilles sèches, choquant leurs maigreurs contre le châlit, n'ayant que des lambeaux de couvertures et sentant le gel mordre leurs nez, leurs poils se durcir au givre.

En réalité, les Baraque avaient de l'aisance. La maison, le pré qui était derrière, un champ accoté au bois de la commune, d'autres parcelles de terre encore leur appartenaient ; ils vendaient chaque année leurs pommes de terre, leur froment, leur avoine, une vache, un ou deux porcs ; et le produit grossissait l'épargne ancienne, dans des cachettes.

Des paysans affirmaient qu'ils auraient pu tenir une ferme, louer des domestiques, se payer un ménage, prendre leurs aises sans se gêner. Au lieu de cela, ils vivaient dans la misère, la crasse, une puanteur de vieilles gens, comme des loups dans leurs tanières.

II

Lᴇ 31 octobre 1867, veille de la Toussaint, les trois Baraque étaient assis sous le manteau de la cheminée, les mains sur les genoux, immobiles.

Des branches de bois vert fumaient dans l'âtre, par dessus un petit tas de cendres chaudes, et quelquefois un craquement se faisait entendre, lorsque la flamme mordait le bois ; puis un éclair rouge flambait, allumant la cheminée couleur de suie.

Balt avait dans les dents un chicot de pipe et tirait des bouffées, sans parler, sans penser ; Bast de temps en temps passait ses mains sur toute la longueur de ses jambes, toussait, geignait, était pris d'un frisson ; Nol regardait de ses yeux sans cils les brindilles pétiller, dans une contemplation grave, stupide. Et une solitude froide pesait sur les trois hommes, comme un délaissement de cimetière.

Dehors, un grand vent entrechoquait la pointe des arbres, s'abattant sur la maison par tapées brusques qui secouaient le toit, les portes ; et par moments, la barrière qui ferme le pré de Jan Beust, le voisin, grinçait dans ses gonds, avec un bruit aigre.

Il avait plu drû le matin ; l'égouttement de l'eau, le claquement de la pluie contre le mur, le clapotement des gouttières se dévidant dans la mare s'ajoutaient au grondement sourd des raffales. Une lampe à bec charbonnait sur la table, à bout d'huile.

Le vent qui passait sous la porte poussait tout à coup les cendres de l'âtre, soufflait sur le champignon de la lampe ; alors, pour un instant, la silhouette des frères se dessinait, et un peu de clarté permettait de voir dans le fond de la place une armoire, une huche, une table, une horloge à gaine, des images saintes dans des cadres de bois.

Il y avait dix minutes que l'horloge avait sonné huit heures ; les Baraque attendaient la demie pour se coucher.

Machinalement, Bast et Balt subissaient l'influence de la Toussaint, jour noir pour les campagnes ; et, sans le savoir, ils allongeaient leur veillée. Des lumières, brillant dans la nuit aux fenêtres des autres maisons, signalaient la réunion des familles autour du feu. Une rêverie vague les occupait, semailles, rapport de la terre, désir d'amasser de l'argent. L'idiot ronflait, enfoui dans l'angle.

Le chien se mit à aboyer subitement, en tirant sur sa chaîne, et presque aussitôt un pas sonna sur le pavé de la cour. Ils entendirent en même temps des lambeaux de chanson, une voix joyeuse perdue dans les lamentations des ténèbres.

Puis on frappa.

Ils tressaillirent. Bast pensa aux morts qui sortent de leur fosse, et eut froid aux os.

— Qui est là ? fit Balt.

La voix cria :

— Ouvrez ! C'est moi, Hein !

Balt grommela dans ses dents, se leva, ouvrit, et un homme de vingt-six ans environ, gai, pris de boisson, habillé de vêtements de ville neufs, trop larges, entra dans la chambre.

C'était un cousin à la mode des campagnes. Hein Zacht, le garçon meunier. Il avait les yeux brillants, le geste vague, et la pluie l'avait percé.

— Fameuse nouvelle ! dit-il. Je viens de la ville ; j'ai fait toutes les chapelles du chemin. Ach ! Hein a bu, mais il y a de quoi ! Hein est riche !

Il se laissa tomber sur une chaise, donna un coup de talon dans le feu, et, regardant autour de lui, avec l'assurance des nouveaux riches :

— Il fait pauvre ici, camarades... Mais Hein est en joie ! Hein est riche ! Versez l'huile dans votre lampe afin qu'il vous voie en face.

Balt fit de la tête un signe négatif, en haussant les épaules. Le garçon meunier ne s'en aperçut pas, perdu qu'il était dans ses joies. Et il leur raconta qu'il s'était attardé, qu'ayant vu de la lumière à leurs volets, il avait été bien aise de se sécher un peu chez eux. Il montrait de l'inquiétude pour ses habits surtout, et à chaque instant tâtait le fond de sa poche, palpant quelque chose. Puis il leur avoua tout.

— Eh bien, oui, j'ai gagné 20,000 francs à l'État ; j'avais une action de cent francs... Ils sont là, dans ma poche... Je sais bien à qui je le dis ; mais vous, silence !... Pas un mot... On n'aurait qu'à me les voler !

Il éclata de rire.

— Voler Hein ? Ach ! ach ! le garçon a pris son gendarme avec lui.

Et tout large il ouvrit un énorme couteau qu'il venait d'acheter.

Les deux Baraque s'étaient rapprochés.

Un homme porteur d'une pareille somme prenait un intérêt énorme à leurs yeux. Bast fit un mouvement machinal de la tête, comme pour voir dans la poche du cousin. Tous deux se taisaient ; Bast souriait, et Balt regardait devant lui, profondément, voyant venir à lui une idée.

— Allons, Hein, dit-il, buvons ensemble un coup, puisqu'il en est ainsi.

Il y avait une bouteille de genièvre sur l'armoire, demi-pleine et déjà vieille. Il prit la bouteille, remplit trois verres, puis recommença ; et Bast mit du bois dans l'âtre, fit un grand feu, ralluma la lampe, étourdi, ne sachant plus bien ce qu'il faisait.

Le garçon meunier, excité, devint loquace, dit ses projets, parla de reprendre un moulin pour son compte, nargua les Baraque de leur crasserie.

— C'est bon pour vous, vieux grigous, de remplir de gros sous vos paillasses. Moi, je veux me marier, et alors gare la danse !

— Heu ! fit Bast, les yeux baissés, vous êtes jeune, vous !

Puis Hein parla seul, bredouilla ce qu'il voulut, et les deux autres ne l'écoutaient plus. Ils étaient plongés dans une songerie tenace, évitant de se regarder et se comprenant.

Au milieu de sa hâblerie, le garçon meunier fut pris d'une peur à propos d'un billet de cinq cents francs que lui avait remis le marchand chez lequel il avait acheté ses habits. Il tira de sa poche un foulard fermé de gros nœuds à ses bouts, défit les coins et en sortit un petit paquet formé de plusieurs journaux superposés et enveloppant un portefeuille ; finalement il prit dans le portefeuille une liasse de billets qu'il se mit à compter.

— Une, deux, trois... Trois, deux, trois, quatre... Je n'aime pas les billets, mais c'était plus commode... Cinq, six, sept...

Ainsi de suite. Tandis qu'il comptait, les larges billets s'étalaient, soyeux, comme une chair, comme de la vie, pêle-mêle.

Balt fumait à petits coups, regardant cette fortune. Il dit à Hein, tranquillement :

— Je vous crois, à présent, puisque voilà l'argent !

Bast était blême, claquait des dents, et un tremblement agitait ses mains. Il continuait de sourire, ouvrant la bouche pour parler et ne le pouvant ; et il ne quittait pas des prunelles les billets.

De minute en minute, tous deux se rapprochaient, attirés par l'argent, Bast tendant ses mains en avant, Balt, froid, remuant seulement ses pouces, d'un mouvement automatique.

Et tout d'une fois, comme un ressort, ces terribles pouces s'ouvrirent et Balt leva les deux mains, les abattit au cou de Hein avec une violence extraordinaire, comme un bûcheron qui entame un chêne.

Ce fut terrible.

Les énormes pouces entraient dans la chair, la pétrissaient, et il se mit à étrangler le garçon meunier, les coudes écartés, pesant sur lui de toute sa force, féroce, des cris de bête dans la gorge.

Hein ouvrit démesurément les yeux, laissa pendre hors de sa bouche sa langue devenue dure comme un caillou, commença un mouvement et demeura, les mains en l'air, noircissant à vue d'œil. Alors, Bast à son tour se rua sur lui et tapa son crâne, sa face, ses yeux, à coups de poing, avec une rage qui s'accroissait à chaque bourrée.

Nol, accroupi dans l'âtre, frappait en riant la crémaillère avec les pincettes ; et dans le vent de nuit, dehors, le chien hurla.

L'homme étranglé, il y eut une détente chez les assassins. Balt prit sa tête à deux mains, sombre, étonné de ce qu'il avait fait, et Bast alla à la porte, en proie aux coliques de la peur. Puis ils poussèrent le cadavre sous la table et burent ce qui restait de genièvre. Tous deux s'étaient assis, devenus faibles comme des enfants.

L'ouragan avait grandi.

Un arbre craqua sur le chemin. Balt se leva en sursaut, croyant qu'on venait pour l'emmener, et Bast, plus mort que vif, fit le signe de la croix, machinalement. L'énorme coup de vent passa, mugissant au loin.

Alors ils furent talonnés de la hâte d'enfouir le cadavre.

— Prenons-le par la tête et les pieds, dit Bast.

Ils tirèrent Hein à eux, soufflèrent la lampe, et, s'arrêtant à chaque pas, portèrent le cadavre du côté de la mare au fumier. Elle était profonde. Tandis que Balt écartait les pailles pourries à coups de fourche, l'autre eut une pitié.

— Laissons-lui ses vêtements ; il aura moins froid, fit-il doucement.

Et en même temps il glissait ses mains dans les poches du mort, pour les fouiller.

Le corps s'enfonça, la tête en avant, et la vase du fond, remuée, remonta à la surface avec un bruit de vésicules qui crèvent. Puis ils prirent une perche à houblon, tâtèrent la profondeur de la mare, cherchant à connaître la position du cadavre ; et ensuite ils jetèrent sur la mare des feuilles mortes et des pailles.

Quelqu'un se mit à rire derrière eux, au moment où ils se retiraient, ayant fini.

C'était Nol l'idiot ; il les regardait, les yeux dilatés par l'étrangeté de la scène, en riant et en grommelant.

— À l'écurie ! gronda Balt.

L'autre ne faisant pas mine d'entendre, il le prit, le poussa, pinçant sa chair à travers ses habits et le faisant hurler.

Le lendemain, jour de la Toussaint, les deux Baraque écoutèrent messe et vêpres. Ils se rendirent ensuite au cabaret et racontèrent qu'ils allaient changer la mare de place, imaginant des précautions.

Balt tenait la main droite dans sa poche, ayant le pouce luxé.

III

Ils se mirent à la besogne.

Ils commencèrent par tracer à la pioche un grand cercle, puis bêchèrent dans le cercle, donnant de furieux coups de pelle à la terre.

Un temps noir pesait sur la campagne, ensevelissait les fonds dans une brume livide ; et leurs silhouettes se détachaient sur les haies couleur lie-de-vin, avec des mouvements saccadés. La tourmente avait emporté les feuillages ; çà et là des tremblements de feuilles demeurées rares, ressemblaient à des vols d'oiseaux, et un arbre posait par places sur les perspectives violettes son ton de vieil acajou.

Ils travaillèrent tout un jour, de l'aube à la nuit, ne s'interrompant ni pour boire ni pour manger ; et à la fin le fossé se trouva fait. Ils avaient choisi leur emplacement près de l'écurie.

C'était un trou large, profond ; et les terres s'entassaient autour, à mi-hauteur d'homme. La nuit les enveloppa, enfoncés dans la fosse jusqu'à l'estomac, comme des terrassiers de cimetière. Puis ils jetèrent bas leurs bêches, s'assirent à la table où avait eu lieu l'étranglement et mangèrent des pommes de terre cuites sous la cendre. Ils ne parlaient pas, ne s'étaient pas parlé depuis le crime, et chacun évitait le regard de l'autre.

Après le repas, il y eut un silence dans la chambre. Ils s'étaient mis dans l'âtre, et tous deux songeaient, les yeux fixés sur le feu.

Le chien hurla. Ils se regardèrent, et les yeux de Balt remontèrent jusqu'à l'horloge, attirés vers l'heure qui sonnait.

— La demie après neuf, dit-il.

Et ils se souvinrent que l'horloge avait sonné la même heure, l'avant-veille, au milieu de l'horreur de la chambre ; et le chien hurlait pareillement.

— Oui, fit Bast, en enfonçant sa tête dans ses épaules.

Balt se leva, et, ouvrant à demi la porte, commanda au chien de se taire. Mais la bête n'était pas à sa niche. Une peur les prit. Ils coururent à la mare ; et dans la nuit, ils virent une grande carcasse maigre, grattant la terre, le museau tendu. Balt prit l'animal par les reins et le lança contre le mur, la tête en avant, d'un furieux tour de bras. Le chien retomba, à demi fracassé, gémissant, puis, boitant, regagna sa niche où Bast l'attacha, après une bourrée de coups de pied.

La campagne était couleur d'encre, sans formes et plongée dans un silence doux, interrompu seulement par les bruissements du vent.

Ils allumèrent une lanterne sourde, s'armèrent de bêches et revinrent à la mare, blêmes, tremblants, redoutant quelque chose du mort.

Une clarté éclaboussa l'eau noire, et ils virent près du bord, se dressant, les talons du garçon meunier.

Le corps s'était déplacé.

Ils l'enfoncèrent du tranchant de leurs bêches, alors, pendant près de deux heures faisant rejaillir l'eau autour d'eux ; mais le corps remontait toujours au bout d'un certain temps. Ils tentèrent de le maintenir au fond, en lui jetant des pavés ; les pieds reparurent encore. Et dans la maison l'horloge sonna une heure après minuit.

Une sueur collait leurs chemises à leur peau. Ils se bataillaient contre le mort, à présent, superstitieux, croyant aux vengeances des trépassés, se sentant dans la main du diable ; à la fin, ils prirent le parti de combler la mare. Immédiatement ils accrochèrent les fumiers avec des râteaux, les attirèrent sur le bord, puis apportèrent les terres, par hautes brouettées, allant et venant incessamment. La terre tombait dans la mare avec un clapotement.

Des pâleurs passèrent dans le ciel, et petit à petit le jour remplit les ramures des arbres. Les coqs chantaient, les oiseaux gazouillaient, il y eut un bruit de réveil confus dans toute la campagne.

Et tout à coup ils virent un voisin, arrêté, qui les regardait.

— Est-ce qu'il y a un mort à la maison qu'on est à la besogne si matin ? dit le voisin.

Ce fut un moment de stupeur. Pourquoi cet homme parlait-il de mort ? Et Balt, accroupi sur sa bêche, leva vers lui sa tête farouche ; mais le voisin était inoffensif, sans malice.

— Bon ! bon ! dit Balt, on sait ce qu'on fait.

— Bien sûr, fit l'autre.

Et il partit en sifflotant.

La pesanteur des terres avait entraîné le mort ; cette fois, il était bien enterré, il ne reviendrait plus à la surface, et Bast, le plus sournois, regardait s'entasser les remblais avec un plaisir lâche, comme après un bon tour.

Ils continuèrent, la matinée et l'après-midi, ayant l'air de flâner, à présent, quand quelqu'un approchait. De temps en temps, ils tassaient la terre avec leurs pieds. Le soir, la mare se trouva comblée.

Mais il était arrivé un accident. L'eau de la mare, soulevée par les remblais, s'était déversée sur le côté, avait coulé dans le chemin. Or, celui-ci était encaissé entre des talus, au pied de la maison des Baraque, et les dernières pluies l'avaient rendu boueux. L'eau de la mare en fit une flaque profonde.

Une charrette de paille, passant par là vers le soir, s'embourba. Le charretier cria, sacra, demanda de l'aide. Les Baraque feignirent de ne rien entendre. Mais un voisin vint les chercher : ils sortirent alors de leur maison, et le voisin aidant, à quatre, on tira la charrette de l'ornière.

IV

Cette nuit-là, il plut jusqu'au matin. La flaque s'étendit, monta, et les voisins durent passer par dessus le talus, à travers la prairie. Il y eut des plaintes, quelqu'un parla même du garde-champêtre. Balt déclara qu'il voudrait bien voir qu'on lui cherchât misère ; Bast, moins hardi, essayait de prouver que les eaux provenaient des champs en contre-haut.

Mais la nuit venue, ils prirent des bêches, jetèrent sur la flaque une charretée de terre, et par-dessus la terre étendirent un lit de feuilles. Malheureusement il plut tout le jour suivant, puis encore le jour d'après, et il fallut recommencer chaque nuit la besogne.

Des peurs les talonnaient. Par moments, ils jetaient les bêches, craignant qu'on ne les trouvât trop empressés à satisfaire les voisins, puis ils les reprenaient, craignant bien plus que les plaintes n'allassent leur cours.

Un matin, ils se mirent violemment à hausser le chemin ; et à ceux qui venaient, ils répondaient qu'ils ne voulaient pas faire les malins, que si tout le monde se sacrifiait un peu comme eux, le village s'en porterait mieux.

Ils étaient hâves, éreintés, pareils à des loups d'hiver ; et leur taciturnité avait augmenté. Constamment ils redoutaient de dire une parole qui pût se tourner contre eux : mais leurs oreilles étaient ouvertes aux moindres rumeurs traînant dans l'air. Ils veillaient les nuits, n'osaient plus dormir. Balt s'était réveillé une fois en sursaut, croyant que l'autre était sorti de la mare et lui passait les mains autour du cou. Bast, la veille avait rêvé à haute voix, râlé, crié ; quelqu'un n'aurait eu qu'à l'entendre. Et ils se forçaient à demeurer éveillés sur leurs chaises, cédant par moment à leur éreintement et tout à coup réveillés par le fléchissement brusque de leur corps.

Ils avaient mis un double verrou à la porte, et la nuit, un énorme couteau triangulaire, fraîchement effilé, était ouvert sur la table. Ils étaient remplis de terreurs vagues.

V

La disparition de Hein Zacht commençait à s'ébruiter. Il était d'un village voisin ; il avait perdu père et mère, mais il avait des amis, des cousins. Ceux-ci connaissaient la grosse fortune qu'il était allé chercher à la ville et s'étonnaient de ne pas le voir revenir. On s'imagina d'abord qu'il faisait des ribotes ; au bout de dix jours, il y eut des craintes. Peut-être avait-il été attaqué en chemin. Le garde-champêtre en parla au bourgmestre. Celui-ci fit atteler le cheval au cabriolet et alla avertir le juge de paix. Le parquet mit la gendarmerie en campagne.

On sut toutes les actions du meunier jusqu'à sept heures trente-cinq minutes précises du soir. Il avait payé de la bière à des camarades, dans un cabaret de la chaussée. Il paraissait animé, mais il n'avait pas étalé d'argent. Il était parti seul. Puis quelqu'un l'avait vu s'engager dans un chemin de terre et lui avait dit :

— Mauvais temps !

Et il avait répondu en riant :

— Excepté pour ceux qui ont le soleil en poche.

À partir de ce moment, l'obscurité la plus noire se faisait autour de lui. Personne ne l'avait plus vu. Il avait dû trouver la mort en pleine campagne, selon toute probabilité.

On battit les buissons, les haies, un bois taillis qui attenait au chemin dans lequel Hein s'était engagé, et des gens furent questionnés, en grand nombre. Les incertitudes allaient croissant, avec les recherches.

Un fermier du village de la victime raconta la nouvelle aux voisins des Baraque. Puis, passant devant la maison de ceux-ci, il appela :

— Hé ! Balt ! Bast !

Le vieux Nol balayait devant la porte. Il montra son balai au fermier, grommelant, mais l'autre se mit à rire, prit deux sous dans sa poche et les lui donna. L'idiot tomba dessus en clignant des yeux, et alla les cacher en terre, sous un arbre.

Puis le paysan enfila un chemin, à la gauche de la maison, et en haut du chemin, entendant du bruit, il leva les yeux et aperçut les Baraque ramassant des branches à la lisière d'un bois.

— Salut, dit-il. Savez-vous la nouvelle ?

— Non.

— Zacht, le garçon meunier, a été assassiné.

Ils firent tous les deux un sursaut, poussèrent un hou ! comme un homme frappé d'un coup de hache.

— C'était un peu votre parent, reprit le fermier, mettant leur mouvement sur le compte de la surprise.

— Qui ? lui ?

— Oui.

Ils le regardaient, les yeux dilatés, se demandant ce qui allait advenir. C'était la première voix d'homme qui leur parlait de leur crime. Il reprit :

— On lui aura volé son argent, d'abord, puis on l'aura tué, enterré. L'argent ne profite pas à tout le monde.

Alors Balt dit d'une voix dure :

— Il n'avait qu'à mieux le cacher.

Et Bast pensait au bonheur de jouir de la fortune volée, dans une contrée où il n'y aurait personne, d'être seul au monde avec cette volupté extraordinaire : l'argent. En même temps, il poussait des soupirs, hochait la tête doucement, murmurait des doléances sur cette mort surprenante.

— À propos, fit le fermier, il y a du changement chez vous. Vous avez comblé votre mare.

— Oui. Après ?

— Après !

Et le fermier, qui était solide et violent, mis en humeur de querelle par le ton bourru de Balt, s'écria :

— Après ? C'est que s'il n'en tenait qu'à moi, j'enverrais moisir en prison de mauvais bougres comme vous !

Balt fit un pas en avant, tâtant son couteau dans sa poche.

— En prison ! répétait-il.

Mais le fermier s'en alla, frappant son bâton contre les pierres du chemin, dédaigneusement.

— J'en ai roulé d'autres que vous ! cria-t-il de loin aux Baraque.

Ceux-ci se rassurèrent alors : l'homme ne savait rien.

Ils chargèrent leur bois sur leurs épaules et reprirent le chemin de la maison.

Le vieux Nol était assis devant la porte et passait sa manche sur les sous du fermier, activement, pour les faire reluire, Balt vit briller le cuivre et l'arracha des mains de l'idiot, menaçant :

— D'où vient cela ?

L'autre se mit à geindre, les yeux élargis par la peur, et en même temps il tendait la main, pour reprendre son bien.

— Au trou ! cria Balt.

Et comme l'idiot continuait à se lamenter, immobile, de grosses larmes coulant le long des joues, il lui allongea la jambe à travers les reins, violemment.

Nol alors hurla comme un chien blessé, et les mains collées à son dos, se mit à fuir par la cour, en boitant, tandis que Balt faisait couler les sous dans sa poche.

Le lendemain quelqu'un frappa deux coups à l'huis ; les trois frères étaient dans la chambre. Bast et Balt se regardèrent, debout tous deux dès le premier coup. Et l'un d'eux s'avança, l'oreille tendue, conjecturant, au bruit de la respiration, quel pouvait être le visiteur.

On frappa de nouveau et brusquement la porte s'ouvrit. Un homme de haute taille, en sarrau bleu, la casquette galonnée d'un liseré rouge, parut, la main posée sur une haute canne à large pommeau : ils reconnurent le garde-champêtre.

— Salut ! dit-il, je passais. Ma pipe est éteinte.

Il s'approcha de l'âtre, se baissa, posa le fourneau de sa pipe sur un tison ; mais le feu se mourait sous des cendres accumulées. Alors ses sourcils remuèrent, et il promena ses regards autour de lui :

— Où sont les allumettes ?

Il leur parut que sa voix avait pris le ton du commandement, et ils le regardaient, inquiets, sans bouger de place. Puis il alla du côté de l'armoire, de son large pas, en haussant les épaules et grondant :

— Il serait plus facile de trouver le corps de Hein Zacht que de vous desserrer les dents à vous autres !

Il avait à peine fini de parler que tous deux, d'un même mouvement obséquieux, lui offrirent des allumettes, prises dans leur poche, et ils le suivaient, humbles, souriants, tenant au bout de leurs doigts le phosphore allumé.

— Drôle d'affaire ! fit le garde-champêtre après avoir allumé son tabac.

— Drôle d'affaire, oui, répétèrent-ils, la tête basse. Et tout à coup ils relevèrent le front, étonnés d'en avoir dit autant.

Le visiteur s'était assis, les jambes allongées devant lui, le menton appuyé sur sa canne ; et ils épiaient avec anxiété ses regards.

— Moi, j'ai mon idée ! dit-il à la fin. Hein a été...

On entendit rire Nol dans son coin, et les deux Baraque virent avec épouvante qu'il faisait le geste d'étrangler quelqu'un dans le vide.

— Dehors ! cria Balt.

Le garde ne s'était aperçu de rien ; il demanda pourquoi on le chassait.

Bast haussa les épaules et frappa du doigt son front :

— Plus rien là, dit-il.

— Peuh ! fit le garde en manière de commisération.

Et il s'en alla, après avoir bourré une nouvelle pipe.

Bast eut un sourire mauvais, en dessous, à la pensée qu'ils dépistaient l'autorité, qu'ils étaient plus forts que la justice, et dans ce sourire passa comme la basse malice de jouer tout le monde.

Balt, lui, frappa un grand coup de poing sur la table et gronda sourdement :

— Ils arriveront tous !

VI

DES semaines se passèrent.

Ils vivaient côte à côte avec le mort, celui-ci faisant partie de leur vie, semblable à un hôte auquel on est contraint mais dont on se méfie. Ils le redoutaient, le haïssaient d'une haine sourde, qui se traduisait en objurgations violentes contre lui ; par moments, ils songeaient à faire dire des messes pour le repos de son âme.

Ils vivaient dans la détresse, étalaient une avarice sordide, pour n'être pas soupçonnés, n'ayant qu'une jouissance, prodigieuse, celle-là, qui était cette fortune qu'ils avaient sous la main.

Il y eut de grosses neiges cette année, puis le temps se radoucit et le dégel rendit les chemins difficilement praticables. Des ruisseaux suintaient à ras du sol, le long des ornières, et la neige fondue détrempait la terre, en faisait une glaise gluante. Les Baraque, des jours entiers, demeuraient assis dans l'âtre, tressant des osiers, taillant des sabots, remettant des dents à la herse, et les jours leur semblaient interminables.

Pendant une de ces longues journées, Bast ayant mis sur le tapis, avec précaution, la question de l'argent, demanda, de sa voix grêle, au milieu d'une toux, l'usage qu'ils en feraient.

Alors, à mots rares, ils firent des projets ; ils achèteraient de la terre, ils construiraient un corps de bâtiment nouveau, prendraient deux vaches en plus. Un désir immodéré d'arrondir leur état de maison les tenait, et ils se parlèrent avec ménagement l'un à l'autre, comme des gens qui ont intérêt à se laisser croire qu'ils ont une confiance mutuelle.

Dans le fond, ils éprouvaient l'un pour l'autre une égale méfiance. Bast regardait par moments les énormes pouces de son frère, pensant à l'effroyable besogne qu'ils savaient faire ; et Balt, instinctivement, considérait le fond de la cafetière, ayant vu souvent son cadet saturer de phosphore les pâtes avec lesquelles il exterminait les rats.

Brusquement le mort leur joua un tour terrible.

Il était tombé pendant la nuit une pluie fine, continuelle, et cette pluie, s'ajoutant aux suintements du dégel, avait déterminé dans la mare mal tassée une désagrégation qui, vers le matin, aboutit à une crevasse verticale et de près d'un pied de largeur. Immédiatement une partie des terres rapportées s'éboula sur le chemin.

À leur réveil, les Baraque firent cette découverte effrayante. Un instant, ils désespérèrent, crurent que le cadavre avait roulé avec la terre sur la route ; et ils demeuraient béants, immobiles, Bast joignant ses mains, comme devant un désastre irréparable.

Ce ne fut que longtemps après qu'ils s'aperçurent que leur peur était vaine ; ils furent pris alors d'une rage et se mirent à rentasser la terre, furieusement, après l'avoir étayée au moyen de perches. Leur crainte du mort s'en accrut. Il fallait l'empêcher une bonne fois de les inquiéter. Ils résolurent de bâtir sur lui, dès l'avril.

Ils achetèrent des briques, des bois de charpente, à bas prix, et construisirent une remise pour les fourrages, à l'endroit même où il gisait. L'aire fut battue, piétinée, tassée, et par surcroît, empierrée de briques et de pavés. Cela leur prit deux mois, et tantôt l'un travaillait seul, tandis que l'autre était au champ, tantôt ils s'entr'aidaient à gâcher le mortier, maçonner, trueller.

Pendant ce temps mai reverdissait les arbres, et la terre entrait en amour, parlant de choses tendres au cœur des hommes.

VII

Un soir, Balt, rentrant de la ville, rencontra dans la campagne une femme d'un village voisin et ils firent route ensemble. C'était un grand corps maigre et jaune, monté sur de longues jambes, le corsage plat, avec des mouvements brusques, et elle marchait comme un homme, par rudes enjambées.

On l'appelait la grande Tonia. Elle était mariée à un homme plus vieux qu'elle, et elle avait trois enfants, engendrés de côté et d'autre. L'homme était tailleur en vieux.

La grande Tonia avait trente-huit ans environ. Elle était laide, les yeux de travers, mais noirs, hardis, et ses cheveux bruns, mal attachés, retombaient en mèches jusqu'à son nez. Elle aimait la bière, le genièvre, les bâfres ; elle était connue des hommes. Son mari travaillant peu, à cause d'une phthisie qui le rongeait, les enfants manquaient de pain quelquefois. Alors elle les battait, les punissant ainsi d'avoir faim.

— Hé ! Tonia ! si nous buvions un coup, dit Balt, à la porte d'un cabaret.

Elle montra ses grandes dents plates, dans un rire.

— Ça n'est pas de refus.

Et tous deux, debout, se regardant, burent un verre de bière. Ils sortirent, puis, le chemin se resserrant, Balt appuya son coude contre les hanches de la femme.

La nuit était tombée. Un ciel bleu, criblé d'étoiles, mettait sur la campagne son obscurité douce ; et leurs visages plaquaient sur les buissons noirs des taches claires. Ils firent une centaine de pas, entrèrent dans un chemin couvert, et tout à coup Balt attira la femme contre lui violemment.

Elle le repoussa, lui échappa, en riant et jurant. Il courut après elle, les mains tendues, un tremblement dans les membres, et alors il y eut une courte lutte. Elle lui jeta son poing dans les yeux, se radoucit et roula dans le taillis.

Puis ils passèrent devant une maison dont les volets clos laissaient passer un filet de lumière, et elle lui dit :

— L'homme ! C'est bien le moins que vous me payiez une douceur !

— Non, répondit Balt, je n'ai plus soif.

Mais elle le tira par le bras, le poussa vers le seuil, de toutes ses forces, et la porte cédant, il entra, un sourire mauvais sur la bouche. Elle marchait derrière lui, les yeux clairs, en riant et la main posée sur son épaule comme sur une proie.

La chambre était petite, fraîchement blanchie à la chaux, avec des taches grasses de pommade à hauteur d'appui, et aux rideaux étaient accrochés des nœuds roses, touffus comme des choux. Une fille de vingt-six ans causait avec un homme, dans le fond, et une autre, plus jeune, reprisait des bas près de la cheminée. Toutes deux étaient sanglées dans des corsets, et leurs cheveux noirs reluisaient, collés sur les deux côtés du front. L'homme buvait avec la fille une bouteille de vin. C'était un cabaret borgne, dont les tenanciers, de vieilles gens, vivaient honnêtement du produit de leurs filles ajouté au produit de leur champ.

— À boire ! cria la grande Tonia en s'installant à une table et frappant la table du poing.

La plus jeune des filles se leva, passa au comptoir et demanda ce qu'il fallait servir. Alors la femme du tailleur chercha des noms dans sa mémoire, se rappelant les choses qu'elle avait bues, et elle finit par commander de l'anisette. Elle en but cinq verres, se montant la tête, s'animant, très rouge, presque tendre dans ses gestes et ses regards ; puis, se tournant vers la fille qui buvait avec l'homme, dans le fond :

— Moi aussi, j'ai mon homme avec moi, dit-elle.

Balt l'avait reprise contre lui, saisi d'un nouveau désir, et la chair autour de son chancre s'enflammait, presque saignante. Il calculait le prix des verres et vaguement songeait à s'amuser pour son argent. De temps à autre elle l'obligeait à boire à son verre et il y collait sa bouche sèche, en faisant la grimace, bien qu'il trouvât la liqueur à son goût. La lumière d'une lampe au pétrole, posée sur le comptoir, allongeait sur le mur l'ombre de ses oreilles, très larges.

Ils sortirent et sur le chemin elle tourna vers lui sa bouche chaude, ouverte, en montrant ses dents. Puis elle trébucha, l'entraînant après elle, et ils demeurèrent sur place, côte à côte, dans un embrassement. Alors Balt, que l'amour grisait, s'oublia, fit des promesses, et il la reconduisit jusqu'à sa porte, rudoyant son grand corps brun, avec une brutalité de passion.

Cela fit une diversion au mort.

Le paysan endurci rapporta chez lui l'impression de cette chair maniée dans la nuit. Une sorte de lubricité en éveil persista dans sa cervelle, au fond de ses moelles, et lui fit garder la pensée de la femme du tailleur. Il y avait longtemps que la femelle n'avait plus remué les convoitises du mâle en lui, et celle-ci arrivait dans sa vie, sur le tard, au milieu des obsessions funèbres, avec des adresses de femme experte.

Il laissa passer trois jours, se violentant de peur de trop paraître se presser, puis une après-midi, rasé de frais, il partit pour la voir.

Il y avait une demi-heure de marche entre sa maison et la sienne, mais il fit la route en quinze minutes, allongeant son pas sur son désir qui l'avait repris, tenace, exigeant.

Quand il fut en vue des maisons, il ralentit sa marche, gagné par des idées de prudence, et tout à coup il prit sur la droite un chemin qui allongeait la distance.

Il entra chez des connaissances, s'informa du prix des pommes de terre, chercha à gagner du temps, trouvant la nuit plus accommodante. Puis, la nuit venue, il longea les maisons et s'arrêta enfin à la porte du tailleur.

C'était dans une rue inégale, à l'endroit le plus resserré : des deux côtés les maisons s'étendaient, poussant leurs toits en avant, avec des airs rechignés, les unes badigeonnées en bleu tendre, sur lequel tranchaient des volets peints en vert, les autres laissant s'écailler la chaux par éclats sous la moisissure, maussades, les portes mal closes, des suintements de purin filtrant entre les pavés ; et des lampes allongeaient à cette heure leur flamme pointue derrière la vitre des boutiques et des cabarets, plaquant de rouge, par éclaboussures brusques, des têtes à demi mêlées à l'ombre. Dehors, les toits, les cheminées, la rue étaient confondus dans une splendeur sombre de crépuscule, et des tons citron pâle, très doux, lentement s'enveloppaient au ciel, par-dessus le village, d'un bleu profond, qui allait s'élargissant.

Il fit jouer le loquet, dressa sa taille et entra.

— Bonsoir, dit-il.

Et d'un coup d'œil il vit que la Tonia n'y était pas.

VIII

Les trois enfants étaient couchés sur le carreau, barbouillés, des ruisseaux sous le nez, ayant le long de leur petite peau brune de la saleté poissée, où collaient leurs cheveux, semblables à des cardées, et ils s'amusaient à faire avec du sable de petites constructions, crachant dans le sable pour le faire tenir.

À terre traînaient des patrons en papier, parmi une confusion de lambeaux de drap et d'ustensiles de cuisine. Et des habits, des blouses, des pantalons, de vagues silhouettes de vêtements pendaient aux murs, sous des gravures en couleur encadrées d'acajou.

Les trois enfants levèrent la tête en reniflant, et le regardèrent entrer, de leurs yeux ronds, effrontés, puis continuèrent à jouer, se bousculant, criant, et l'un d'eux ayant reçu un soufflet, se mit à hurler.

— Qui est là ? dit une voix qui partait de la chambre voisine.

— Moi, Balt.

La voix se perdit un instant dans une toux sèche, puis reprit :

— Si c'est pour du travail, je ne peux pas ; je suis au lit, et Tonia est dehors.

— Bon ! dit Balt, je l'attendrai.

Et la voix dit, cette fois nettement :

— C'est cela, prenez une chaise. Elle est quelque part, à causer ou à boire, cette sacrée garce !

Il y eut un silence. Les deux aînés à présent s'amusaient à coudre du sable dans des sacs et le laissaient filtrer, lentement dans l'oreille du plus petit, qui ruait, cherchant à leur échapper.

Baraque sifflotait dans ses dents, très calme ; et le vieux, dans la chambre voisine, râlait, s'étouffait à cracher des phlegmes qui s'attachaient à sa gorge.

— Tiest, dit à la fin le tailleur à l'aîné des enfants, allez jusqu'au cabaret. Elle est sûrement là. Vous lui direz…

L'enfant l'interrompit, sans quitter le jeu :

— Non. Elle est partie avec un homme.

Il y eut quelque chose comme un ricanement dans la voix du père, qui mâchonna :

— Sale bête !

Et Balt sentit en lui une colère contre cette Tonia qui ne lui gardait pas sa chair. Des grossièretés lui montaient à la bouche et il l'injuriait à son aise, tout bas.

Il attendit deux heures, sans bouger, bourrant une pipe par moments et ayant quelquefois à repousser les trois enfants qui se collaient à lui, cherchaient à pénétrer dans ses poches, l'obsédaient de demandes d'argent. Et une fois, l'aîné dit aux autres, en lui tirant la langue :

— Celui-là ne donne rien.

À neuf heures, la mère rentra. Elle avait bu, était de mauvaise humeur, et son corsage mal agrafé, ses cheveux en désordre lui donnaient un air de débauche. Elle se laissa tomber sur une chaise, tira ses jupons sur ses genoux et posa dessus ses deux mains, à plat, en soufflant, éreintée, puis tout à coupse leva, et se mit à frapper les enfants, en les invectivant.

— Graine de chien ! Au lit ! Et dire que le vaurien est couché depuis deux jours, dans ses draps, à racler ses poumons. Il faudrait sans doute que j'apporte toute seule l'argent !

Elle s'était rassise et les bras croisés, la bouche exaspérée, continuait ses injures, tendant le poing par moments du côté de la chambre. Le vieux pour toute réponse, répétait obstinément et très vite un mot ignoble. Mais sa voix se perdait dans la volubilité effrénée de sa femme ; et tout à coup il se mit à ronfler, comme endormi par cette musique grêle qui ne finissait pas.

Alors elle se mit à rire, se rapprocha de Bast, lui demanda dix francs. L'homme avec lequel elle était allée boire ne lui avait rien donné et il n'y avait pas de pain pour le lendemain. Il fit signe que non et lui reprocha son infidélité, d'un ton bourru. Elle fut très étonnée, le regarda avec curiosité, sentant germer en elle une idée, des projets lointains, et elle finit par lui dire que l'homme n'était pas venu pour ce qu'il pensait. C'était le gros Dirk, il devait de l'argent à son mari. Et elle ajouta :

— D'ailleurs, on ne vous a plus vu. Je croyais que c'était fini.

Il hésita un instant, enfin, la tête basse, comme honteux de sa faiblesse, lui dit :

— J'aimerais venir de temps en temps. On causerait.

Elle le bourra d'un coup dans la poitrine, le regarda de côté, les yeux plissés :

— Capon !

Et elle reparla du pain qui manquait, du vieux qui était alité. Cet appel à sa bourse le mit en colère et il eut regret d'être venu, d'avoir cédé à des suggestions tendres ; puis, rusant, il chercha à l'obtenir avec des promesses.

Elle le repoussa, baîlla, tordit ses bras au-dessus d'elle, l'agaçant par son indifférence ; et en même temps elle lui montrait la porte.

Il partit et elle l'entendit jurer dans la rue, furieux d'avoir été joué.

IX

LES Baraque avaient acheté une seconde vache et loué un pré le long du ruisseau. Ils avaient aussi doublé le nombre de leurs porcs. Mais, pour éviter que cette richesse éveillât les soupçons, ils vivaient dans un état d'animalité farouche, comme des gens qui n'auraient plus que la mort à passer.

Bast étant le plus comédien, jouait la faim, sur les chemins, geignait, faisait croire aux voisins qu'ils manquaient de tout. Les gens ricanaient, tournant cette détresse en dérision.

Un samedi, ils s'habillèrent et se mirent en route. Bast avait noué dans son mouchoir des billets et de l'argent pour une valeur de cinq mille francs. De temps en temps, il mettait la main dans sa poche, tâtant son mouchoir.

Ils prirent à travers champs et au bout d'une heure de marche, arrivèrent dans une rue large, bordée de maisons bien bâties, au milieu de laquelle une habitation peinte à l'huile étalait son perron à colonnes ; sur la porte, une plaque en cuivre, reluisante, portait ce nom :

BRUARD, NOTAIRE.

Ils entrèrent.

Un grand garçon bègue, le premier clerc, leur dit d'attendre un moment, le notaire conférant avec un client. La conférence terminée, un monsieur en jaquette et bottes de cuir jaune, à favoris en éventail, sortit du cabinet, siffla un chien de chasse blotti près du poêle, dans l'étude, et gagna la rue. Le notaire passa la tête dans l'entrebâillement de la porte et leur fit un signe d'amitié.

— À votre tour !

Il y eut une courte indécision, l'un ne voulant pas entrer avant l'autre ; et à la fin ils entrèrent en même temps, la tête renfoncée dans les épaules, levant très haut leurs pieds pour ne pas égratigner le parquet ciré.

— Monsieur le notaire, dit Balt, nous avons là quelques économies. Il faudrait nous les placer.

M. Bruard était un petit homme obèse, des lunettes sur le nez, l'air bon enfant, une grosse bague au doigt. Il se frappa le front et leur dit :

— J'ai votre affaire. Le monsieur qui sort d'ici…

Il leur expliqua que c'était un homme riche, momentanément en détresse de quelques billets de mille francs, mais il avait des propriétés et il offrait de donner hypothèque. Lui, notaire, arrangerait la chose. Il les interrogea ensuite, s'informa de leurs affaires, demanda si la récolte avait été bonne ; puis, sans attendre leur réponse :

— À la bonne heure, vous autres ! vous pensez à l'avenir ! Vous mettez de l'argent en réserve pour les mauvais jours.

Ils eurent l'air gêné, regardèrent le plancher, sans répondre, et Bast ébaucha une quinte.

— Il fait dur vivre, monsieur le notaire, dirent-ils enfin, en tournant leur casquette, nous ne mangeons pas de la viande une fois tous les mois.

— Bon ! bon ! répliqua le notaire, on sait bien que les Baraque sont au-dessus de leurs affaires.

Il ferma un œil, avec une petite grimace, et continua, leur donnant absolument raison.

— Ceux qui mangent leur blé en herbe ne laissent pas de quoi dormir dans une bonne bière. Quel âge avez-vous à présent, vous, Balt, et vous, Bast ?

M. Bruard aimait à causer, appelait ses clients ses amis, était très populaire parmi les paysans. Les Baraque, debout, la main sur leur bâton, regardaient la porte du coin de l'œil : ils redoutaient les conversations trop longues ; mais le notaire les tenait, n'en finissait pas, et sans préparation, pour allonger l'entretien, il leur parla du pauvre Hein.

— N'est-ce pas malheureux ! Au moment où sa vie allait être assurée !

Il s'étendit sur les lenteurs de l'instruction.

Balt hochait la tête en signe d'acquiescement, avec tranquillité, et Bast se courbait, une main sur son estomac, la face violacée, appelant à son aide ses accès de toux.

Le notaire les regardait de ses yeux vifs, pleins d'interrogations ; il alla même jusqu'à dire que le crime avait dû se commettre près de chez eux ; et Balt sentit tout à coup une démangeaison terrible à son chancre.

M. Bruard se leva enfin, les reconduisit jusqu'à la porte de son cabinet, et là leur reparla de leurs cinq mille francs, du prêt hypothécaire.

— Voici l'argent, dit Bast.

Le notaire ne voulait pas. Ils insistèrent. Alors il appela son clerc, fit donner un reçu, et les Baraque s'en allèrent, contents de s'être débarrassés, à bon intérêt, d'une partie de leur or. Il leur semblait que le notaire était un peu leur complice, à présent.

Ils avaient caché leur trésor sous un pavé, dans la grange. À tout bout de champ l'un d'eux soulevait le pavé, faisait le compte de l'argent ; par moments, au travail, bêchant, sarclant, binant, ils étaient saisis de l'anxiété abominable que quelqu'un pouvait les voler. Ils plantaient là le travail alors et allaient s'enfermer dans la grange.

Puis, ce mort les obsédait. Leur superstition lui prêtait toute sorte de vengeances méchantes, de petites taquineries basses. Il ensorcelait leur maison, était cause des contrariétés qui leur survenaient, s'acharnait après les bêtes, faisant peser sur eux comme un avant-goût de la damnation éternelle. Justement la vache prit du mal aux champs, par un temps de pluie ; à peine rentrée dans l'étable, elle s'affaissa, s'étira, se roidit. Et à quelques jours de là, l'un des porcs, s'étant vautré sur le fumier, heurta un tesson de bouteille qui lui fendit la cuisse. Il fallut le panser, lui mettre de la bouse sur la plaie et il perdit en trois jours la graisse de deux mois. Puis, la bouilloire s'était renversée dans le feu, mauvais signe ; une image de la Vierge, pendue au mur, était tombée de son cadre, sans cause apparente ; des souris avaient raflé la moitié d'un grain mis en réserve, et un beau matin, ils avaient découvert, dans le grenier, près de la cheminée, quelque chose de noir et de velu qui était certainement l'âme du mort. Ils avaient attaqué cela à coups de bâton, mais la chose avait poussé un cri, ouvert de larges ailes, et ils s'étaient aperçu que c'était un hibou. Nul doute ; le mort avait pris cette forme d'oiseau pour revenir.

Alors ce fut un redoublement de colère ; ils s'emparèrent de la bête et lui lièrent les pattes, les ailes, le bec, pour l'empêcher de se défendre. Ensuite, ils la plumèrent vivante, lui crevèrent les yeux avec des clous rougis au feu, finalement l'écrasèrent sous leurs pieds. Cette fois, le mort se tiendrait coi.

Pourtant, à quelques jours de là, étant à deux dans la grange, une planche chut sur eux, les blessant aux épaules et aux reins. Balt se releva, les cheveux dressés, cherchant des yeux une arme, un bâton, une pierre ; tandis que Bast, demi-mort, blême, faisait le signe de la croix.

La première stupeur passée, une scène eut lieu, tous deux se rejetant la faute d'avoir mal équilibré la planche. Mais Bast soutint qu'il avait vu une main noire sortir de la muraille ; et cette malice encore fut mise sur le compte du mort.

Un matin, le cordonnier qui servait de témoin dans les actes du notaire, vint leur annoncer que le prêt était effectué, qu'il n'y avait plus qu'à signer ; et l'on s'entendit pour signer ensemble chez le notaire, le dimanche suivant, après la messe.

Les Baraque arrivèrent à l'heure précise et se trouvèrent en présence du personnage au chien de chasse qui leur serra la main, du bout des doigts, avec affectation. Puis le notaire lut l'acte du prêt, s'arrêtant parfois pour l'expliquer ; les deux frères remuaient alors la tête, imperceptiblement, pour montrer qu'ils avaient compris, n'osant pas demander trop d'explications. Aucun des deux ne savait signer ; ils apposèrent une croix, et cette signature fut validée par le notaire et les témoins.

Le notaire les renvoya en leur secouant énergiquement la main.

Une fois dehors, ils respirèrent ; et, en soi-même, Bast pensa que l'argent était une bonne chose, puisqu'il permettait de prêter aux riches. Balt, lui, songeait aux femmes, à la Tonia qu'il aurait bien voulu revoir ; et il refoulait ce désir déjà cent fois comprimé.

X

IL y eut, cette année-là, de grandes averses dans la seconde quinzaine d'octobre ; et par moments, un vent furieux coupait la pluie, dévastant les feuillages, renversant les vieux arbres. La veille de la Toussaint se leva sous un ciel noir, chargé de tristesse.

Les Baraque s'enfermèrent de bonne heure. Ils étaient remplis d'angoisses vagues, de noires terreurs auxquelles se mêlait la pensée de l'enfer ; et les souvenirs les assaillaient comme une meute.

La nuit venue, ils barricadèrent leur porte et se mirent près de leur feu, sans lampe, muets, regardant se dessiner la forme du cadavre dans le miroir de leur cerveau, avec une fidélité implacable. Et tous deux songeaient qu'il y avait un an, à pareille heure, Hein était venu, qu'il s'était assis à leur table, qu'il les avait nargués, que leurs mains s'étaient ouvertes d'elles-mêmes pour l'exterminer. Ils étaient damnés, sûrement ; et Bast, le plus lâche, se rappelait le catéchisme, avec ses menaces de châtiments éternels. Balt, sombre, la tête dans les poings, tendait les oreilles aux bruits du dehors.

Par moments les arbres battaient le toit, bataillant dans la nuit, et le vent avait l'air de répondre à des huées avec des lamentations longues, sourdes, qui s'étouffaient tout à coup, comme des râles. Des branches craquaient ; des lamentations traînaient dans l'air ; la rafale secouait les tuiles, poussait les fenêtres, heurtait les volets, et subitement un grand silence se faisait entre deux colères, pendant lequel on entendait claquer les dents de Bast grelottant de fièvre et de peur. Quelquefois, il frappait sa poitrine et marmottait des prières, des supplications au mort. Ils passèrent la nuit entière, veillant sans pouvoir s'endormir. Le petit jour du matin filtra à la fin par les fentes de la porte.

Ils allèrent à l'église, entendirent le sermon que le curé prononça avant l'office des trépassés. Il parla du respect des morts, du danger de les laisser sans prières, de l'enfer où ils rôtissaient à travers les siècles, et il finit par convier ses paroissiens à faire célébrer des messes pour le repos des âmes. Cette voix lente, qui s'enflait, puis s'apaisait, finit par endormir Balt, et tout à coup il s'éveilla en sursaut, s'imaginant qu'un grand diable l'entraînait du côté du feu éternel. Près de lui, Bast écoutait le prêtre, le cou tendu, les deux mains jointes.

Un plat d'étain était posé devant la Sainte-Table, avec des monnaies. Les paysans allaient de ce côté, ajoutant à mesure de l'argent, et le bruit des sous heurtant le métal se mêlait au traînement des pieds sur les dalles.

Les Baraque suivirent les autres.

Bast tira de sa poche une pièce blanche, avança la main, mais au moment de déposer la pièce, il se ravisa et mit à la place un sou, qu'il accompagna d'une prière, pour le faire peser davantage dans la balance du Très-Haut.

XI

Un matin, les trois enfants de la Tonia vinrent frapper à la porte. Ils étaient longtemps demeurés sur le chemin à s'amuser, jetant des pierres aux vaches, derrière les enclos ; et subitement l'aîné s'était avancé, son sabot à la main, et avait cogné. Il était maigre, avec des yeux de jeune loup, et sa chair se voyait à travers ses pantalons déchirés.

C'étaient trois garçons ; le plus jeune avait quatre ans. Ils avaient pris l'habitude de rôder par la campagne, entrant dans les celliers et les granges, montant aux arbres pour prendre les nids, volant les pommes, les carottes, les navets, tout ce qu'ils trouvaient à portée de leur main, et le plus souvent le petit faisait la garde, criant lorsque quelqu'un arrivait. La mère les laissait à l'abandon ; ils avaient les cheveux broussailleux, les habits en loques et des faces noires, éraillées. Ils étaient chaussés tous trois de sabots, mais ils les tenaient à la main, la plupart du temps, pour courir plus vite et n'être pas entendus. Quelquefois, ils mendiaient dans les fermes ; on leur jetait un os, un morceau de pain, un reste du repas, et ils s'en allaient, farouches, sans dire merci.

Bast était à la grange, ce jour-là. Il arriva au bruit du sabot battant la porte, et les prenant pour des mendiants :

— Hors d'ici ! cria-t il.

Mais ils ne bougeaient pas et le regardaient de leurs yeux hardis, en face. Alors sa poltronnerie reprit le dessus ; il s'apaisa et leur demanda ce qu'ils voulaient.

— Parler à celui qui s'appelle Balt, dit l'aîné.

— Balt n'est pas ici ; il est au champ, près du bois. Qu'est-ce que vous lui voulez ?

— C'est la mère qui nous envoie demander du pain.

Il les interrogea, apprit que leur mère était la grande Tonia et que Balt était venu la voir un soir. Il se mit à rire.

— Eh bien ! allez lui demander du pain. Il vous en donnera sûrement.

Les enfants se mirent en marche, avec un traînement lent de sabots, s'attardant, tournant les yeux circulairement. Au bout de la cour, Nol balayait le pavé. L'idiot les amusa énormément et ils finirent par lui jeter des pierres dans le cou, cachés derrière une haie. Nol alors se fâcha, brandit son balai de leur côté, et ils se sauvèrent après lui avoir lancé un caillou plus gros que les autres.

Ils prirent le chemin qui conduisait au bois, traversèrent les taillis, et de loin virent Balt bêchant le champ. Ils l'appelèrent. Balt tourna la tête et, les ayant reconnus, vint à eux, inquiet de ce que lui voulait Tonia.

— La mère nous envoie, dit l'aîné ; il n'y a pas de pain à la maison.

Et ils balançaient la tête tous les trois, sifflant dans leurs dents, d'un air déterminé.

Balt haussa les épaules, mécontent.

— Est-ce que j'en peux ? Le tailleur n'a qu'à travailler comme moi.

— Il est dans son lit, il ne travaille plus, reprit l'aîné.

— Bonsoir, fit Baraque.

Et il se dirigea du côté de la bêche qu'il avait plantée dans un sillon. Les enfants le suivirent, enfonçant jusqu'aux chevilles dans les mottes retournées ; ils avaient pris une voix chevrotante et demandaient du pain, interminablement.

— Du pain ! il n'en pousse pas dans le champ ! répliqua l'homme.

— Des sous, alors.

Il finit par tirer de terre une douzaine de navets et les leur jeta. Ils prirent les navets, s'en allèrent, et, tout à coup Balt les rappela.

— Tonia n'a rien dit pour moi ?

— Oui, elle a dit qu'elle vous attendait.

— Bon.

Et satisfait cette fois, il leur jeta quelques navets en plus.

Il travailla jusqu'à midi, puis rentra chez lui.

— Il est venu des enfants, lui dit Bast, en le regardant de côté.

Balt, gêné, tourna la tête et demanda quels enfants.

— C'est la Tonia qui les envoyait demander du pain.

Il eut l'air de se rappeler et dit :

— Ah, oui ! ils sont venus au champ.

Et il haussa les épaules, pour montrer son indifférence.

La conversation tomba.

Une concupiscence l'avait repris. Il avait soif et faim de sa peau rude et brune ; et de nouveau la femme entrait en lui, exigeante. Mais il se contint pendant deux jours, craignant les récriminations de son frère, et, le troisième jour, il partit à la nuit sous prétexte d'un marché.

XII

Tᴏɴɪᴀ était assise devant le feu, les bras croisés, à demi-sommeillante. Le plus jeune des enfants dormait la tête sur la table, et les deux autres, accroupis dans l'âtre, taquinaient un jeune chat et cherchaient à lui arracher les griffes. Une lampe charbonnait sur le manteau de la cheminée.

Quand elle le vit, elle se leva, aigre-douce, et lui fit des reproches : elle ne pouvait plus vivre sans lui ; elle le préférait à tous les hommes du village ; et tout à coup elle mit sa tête dans ses mains, imitant la secousse des sanglots. Il la regardait, troublé par cette tendresse, et sa main s'allongea vers ses genoux. En même temps il bredouillait des explications : il était pauvre ; il craignait qu'elle ne lui demandât de l'argent ; il ne pouvait pas lui en donner. Mais elle mit sa tête contre son épaule et le regarda fixement, avec malice. Il avait de l'argent, tout le monde le savait bien, et même il passait pour être généreux, tandis que son frère était avare. Il la laissait dire, accessible à la vanité et content de paraître meilleur qu'il n'était.

— Tonia, qui est là ? demanda le vieux, de la chambre voisine.

— C'est quelqu'un qui ne vient pas pour votre bec, vieux propre-à-rien.

Et elle alla fermer la porte qui séparait les deux chambres.

Le tailleur eut une colère, lança quelques injures, mais une toux finit par les étouffer. Elle haussa les épaules et vint s'abattre sur les genoux de Balt.

— Un homme comme mon Balt aurait fait mon affaire, dit-elle en riant. Nous nous serions convenus.

Et elle ajouta qu'elle aimait les hommes bruns, que son mari avait du lait dans les veines, qu'elle le battait quelquefois, mais qu'il n'osait pas lever la main sur elle seulement ; et cela l'exaspérait d'avoir un homme toujours couché dans son lit comme une femme.

Lui, c'était bien autre chose. Il ne l'aurait pas laissée manquer du pain ; il aurait été son maître, et elle regretta son jeune temps, alors qu'elle aurait pu devenir sa femme.

Il l'écoutait, étourdi par cette musique, et regardait ses larges dents à travers son rire, s'amollissant dans des contemplations.

De temps en temps, un des enfants levait la tête, regardait l'homme qui était avec leur mère, et le montrait à l'autre, en riant.

Cela recommença à quelques jours de là.

Elle ne se gênait pas pour son mari. Un jour qu'il était assis près du feu, elle l'obligea à quitter sa chaise pour la céder à Balt, puis l'envoya au lit. Lui, s'installait avec une grosse joie de la sentir sous sa main, et, petit à petit, prenait l'habitude de cette vie maritale.

Bast, son frère, se taisait, faisant semblant de ne rien savoir. C'était ruse pure ; car on lui avait dit au village que son frère était l'amant de la Tonia. Mais il rongeait sa colère, attendant le moment de parler.

Le coquin redoutait la malice de la femme, se disant qu'entre un homme et sa femelle un secret est bien près de n'en être plus un. De plus, une jalousie basse s'était ajoutée à sa défiance. Comment ! Balt se payait une femme, se donnait du bon temps, alors que lui, Bast, trimait son célibat en vrai mulet et crèverait dans l'abstinence ! Il maudissait le mariage et les œuvres du mariage.

Une nuit, en rentrant, Balt trouva la porte close. Il frappa à coups redoublés sans qu'on ouvrît, et finalement se résigna à coucher dans l'étable sur une botte de paille. Au petit jour, il se leva, gagna la maison.

Tournant le dos au jour, Bast déjeûnait d'un morceau de pain.

Il y eut d'abord un silence, tous les deux s'attendant, puis Balt frappa du poing la table.

— Si vous tenez à votre peau, cria-t-il, vous ne fermerez plus la porte à clef, quand je serai dehors. J'ai dit.

Bast prit son temps, avala la bouchée de pain qu'il mâchait et répondit presque avec douceur :

— Lequel a le droit de se plaindre, de celui qui reste à la maison ou de celui qui court les chemins ?

Balt fit un pas en avant, croisa les bras :

— Eh bien, dit-il, nous tirerons chacun de notre côté.

Bast haussa les épaules :

— Et que ferons-nous de l'*autre* ?

Cela calma Balt. Il ouvrit la bouche pour parler, chercha des mots et se tut, ne les trouvant pas.

Bast, pendant ce temps, ricanait, heureux de lui avoir cloué la bouche.

— Quoi ? fit Balt, rageant de l'entendre rire.

— Rien, répondit Bast, achevant son rire en quinte ; c'est ma toux.

XIII

QUELQUES jours avant la Noël, un petit homme maigre et sec entra chez les Baraque. C'était un marchand de bêtes et il venait voir si les frères n'avaient rien à vendre.

On fit sortir les porcs. Ils étaient gras, le groin rose, les cuisses crottées, et le marchand se mit à les tâter, enfonçant son poing dans leurs côtes. Les deux porcs criaient, roulaient leurs yeux rouges avec terreur, maintenus par Balt qui avait passé sa main dans les queues. À la fin, le marchand fit son prix. Mais ils voulaient dix francs en plus, par porc, et ils demeuraient debout, l'un devant l'autre, parlant bêtes et gens sans se prononcer.

Les deux porcs étaient à présent sur le fumier, retournant du groin les pailles et reniflant avec des grognements d'aise, les oreilles ballantes et la queue en tire-bouchon, et tout à coup le marchand se décida. Il fit avancer sa charrette, qu'il avait laissée sur le chemin.

Puis le pourchas commença.

Les porcs galopaient dans la cour, la tête basse, ballotant leur graisse, et l'un des trois hommes barrait le passage, tandis que les deux autres cherchaient à les attraper par le pied ou par la queue. Une fois pris, le porc trébuchait, se roulait, criant comme si on l'égorgeait, et quelqu'un posait son genou sur sa tête, laissant aux deux autres le temps de ficeler ses jarrets. Le porc, étendu de son long, continuait alors sa fanfare, en tordant son mufle, l'air ahuri. On les prenait par les pieds et on les chargeait sur la charrette. Le marchand offrit de payer au cabaret, en buvant un verre, et les Baraque ayant accepté, ils en burent un second et un troisième. Ils rentrèrent chez eux, contents du marchand et du marché.

L'année s'achevait avec profit ; il y avait comme un regain de prospérité dans la maison. Quelques jours auparavant, ils avaient vendu bon prix leur grain et leurs pommes de terre, et voici que le marchand leur achetait leurs porcs à beaux deniers comptants. Ils eurent vaguement l'idée que le mort avait cessé de leur garder rancune. Bast ressentit même au fond de lui comme une tendresse confuse pour ce bon Hein qui ne disait rien, qui jouait son rôle de mort sans protester. Et il éprouva le besoin de faire quelque chose pour lui.

— Frère, dit-il, il nous faudra penser à faire dire une messe.

Mais Balt résista.

— Non, fit-il sombrement, laissons-le en paix. Nous sommes damnés. Ce n'est pas une messe qui nous rachètera.

Ce jour-là, il gelait à pierre fendre. Balt partit à la brune ; les branches emmêlaient, sur le ciel violet, leurs cardées noires, trouées de points clairs, et la lune monta à l'horizon, dure et pleine, posant une large lumière blanche sur le paysage. Il allait d'un bon pas ; la terre, prise par la glace, grinçait sous les clous de sa semelle. Au bout d'un quart d'heure, il vit briller les lumières du village où habitait la Tonia.

Il y avait un cabaret à l'entrée du village. Comme il passait devant la porte, il entendit des cris, des bruits de verre choqués, et une voix de femme les dominait, claire, aiguë interrompue par des rires. Des voix d'hommes lui répondaient avec une grosse gaîté brutale.

Balt s'avança, regarda par la fente des rideaux. Autour de la table trois hommes étaient assis et l'un d'eux tenait la femme du tailleur par la taille. Balt serra les poings, subitement pris d'une jalousie et rêvant de la battre, au milieu de ces hommes, et de battre les hommes aussi. Mais les hommes n'étaient pas seuls : il y en avait d'autres aux autres tables, et de rage, il se mordit les lèvres, n'osant pas s'attaquer à tant de monde à la fois. Puis il pensa à entrer, comme s'il passait là, sans rien laisser paraître, pour voir ce que dirait la

Tonia, et il avança la main du côté de la porte. Une prudence l'arrêta. Ces hommes étaient en noces ; on lui ferait payer à boire ; et la crainte de la dépense le radoucit subitement.

Quelqu'un ouvrit la porte en ce moment, se mit contre le mur, et Balt précipitamment s'enfonça dans le chemin pour ne pas être vu. Il prit le parti de l'attendre chez elle ; et là, assis contre le feu, seul, toute sa colère le reprit.

Elle rentra au bout d'une heure. Sans rien dire, il la prit par les poignets, la jeta à terre et se mit à la battre.

Elle luttait, enfonçait ses ongles dans ses mains, mordit ses jambes, sachant pourquoi elle était battue, et lui criant : Sale cochon ! sans se plaindre. Il la lâcha, frappa un grand coup de poing sur la table et se sentit apaisé, tandis qu'elle se remettait debout, la face rougie par les soufflets, et rajustait ses cheveux, très calme.

Il alluma sa pipe et se dirigea vers la porte, pour partir. Mais elle se pendit à lui, promettant de ne jamais recommencer, et tout à coup il se trouva assis près d'elle, la caressant et sentant par moments passer dans ses doigts des envies vagues de lui ouvrir la gorge à coups d'ongles.

La jalousie qu'il avait ressentie lui resta.

Quand il pensait à Tonia, il pensait aussi aux autres hommes, et une rage lui passait dans le sang. Il aurait voulu se trouver immédiatement auprès d'elle, l'espionner, connaître sa pensée.

Quelquefois il s'attardait avant d'entrer, regardait si personne ne venait pour elle, ou bien en passant devant les cabarets, jetait un coup d'œil à travers les portes ; et d'autres fois, l'ayant quittée, il revenait sur ses pas, se cachait derrière une charrette, ne quittait le village que lorsque la lumière était éteinte chez le tailleur. Même il finit par concevoir contre celui-ci une haine tenace ; sa femme couchait près du sien son grand corps, toute la nuit.

XIV

Le jour des Rois, les enfants de Tonia entrèrent de nouveau dans la cour des Baraque.

Balt fendait des souches sous le hangar.

— Notre père est mort, dirent-ils tranquillement.

Il eut une joie brutale, mit la main à sa poche pour en tirer de la monnaie, puis se ravisa.

Cette fois, elle devenait sa chose ; plus personne ne s'interposerait entre elle et lui, et tout à coup il eut froid aux os, pensant à l'argent que lui gagnait le tailleur et qu'il ne lui gagnerait plus. Il prit sa hache, alla au bois ; il ruminait des projets dans sa tête. Il aurait voulu la posséder entièrement, et en même temps, comme par le passé, la posséder pour rien. À la fin, il prit un parti : il la planterait là.

Cette résolution dura tout un jour.

Puis il pensa à des tendresses, et sa chair se révolta, se souvenant. Dès lors, il ne se sentit plus la force de la quitter, et il désira la voir sans retard.

Elle n'était pas à la maison. Deux voisines, assises dans l'âtre, avaient fait un grand feu et marmottaient des prières, un chapelet dans les mains. Par la porte ouverte, on voyait le mort sur son lit, dans l'autre chambre. Il était ficelé dans un drap blanc, trop petit, duquel sortaient les pieds crispés et noirs, et sa mâchoire était tombée sur le côté, comme tiraillée par un rictus. La fenêtre, entrebâillée à cause de l'odeur, laissait pénétrer la senteur des purins ; et de temps en temps un des enfants allongeait la tête, regardait la grimace du mort, et étouffait un rire qui, un peu après, devenait convulsif.

Tonia était dans le voisinage ; mais les deux femmes ne savaient pas en quel endroit. Baraque se mit à la chercher, de cabaret en cabaret.

Comme il ouvrait la porte du *Mouton-Bleu*, quelqu'un lui dit qu'elle était chez l'épicière. Et, en effet, étant entré chez celle-ci, il la vit près du feu, la figure dans les mains, geignant au souvenir des qualités du défunt, et de temps en temps buvant de pleins verres de genièvre, pour se donner des forces.

Il la ramena chez elle ; alors, s'oubliant, elle eut pour lui des caresses, devant les deux femmes. Et furieux, il regarda le lit, rempli par le mort. Puis de nouveau elle se désola.

— J'avais un mari ; après tout, il me donnait du pain ; il nourrissait les enfants. Maintenant que je l'ai perdu, que vais-je devenir ?

Il s'était assis à côté des voisines, sa pipe dans les dents, n'ayant pas l'air de s'apercevoir que la question lui était adressée. Et elle continua :

— L'homme, me viendrez-vous en aide ? Il y aura d'abord le cercueil et l'enterrement à payer. Puis, c'est bien le moins que je mange, moi et les petits.

Elle attira à elle un des enfants, le prit dans ses bras, l'embrassa avec des larmes, tout son corps secoué par des sanglots. Cette crise s'étant petit à petit calmée, elle repoussa l'enfant et se mit à invectiver le défunt.

Il y avait deux mois qu'il ne travaillait plus ; un autre aurait pris de la peine pour laisser quelque chose après lui. Et, la bouche sèche d'avoir tant parlé, elle eut l'air de râler et demanda un pot de bière. Balt feignit de ne rien entendre. Une voisine se leva alors, alla remplir un litre au cabaret et la grande Tonia but trois verres coup sur coup.

Cette lampée l'éjoya. Elle posa largement ses mains sur ses genoux et se balança d'avant en arrière, en riant.

Elle était bien bête de se remuer les sangs ; elle prendrait des hommes, elle aurait ainsi le plaisir et l'argent ; et cyniquement, s'adressant à Balt, elle lui jeta ces mots :

— Mon cœur, tu viendras quelquefois ?

Il fit un geste qui ne signifiait ni oui ni non.

Par moments, il regardait à la dérobée le mort, pensant à l'autre, et ses narines se tendaient comme d'elles-mêmes à l'odeur du cadavre.

Un menuisier apporta la bière.

Balt et lui prirent le corps, l'un par la tête, l'autre par les pieds, le couchèrent sur les planches, puis le menuisier cloua le couvercle ; et la bière fut mise sur des chaises, près du lit. Deux chandelles brûlaient sur la table.

Baraque s'en alla, et sur le pas de la porte, la Tonia le reprit, lui reparla de sa misère, cherchant à l'apitoyer.

XV

On enterrait le tailleur le lendemain.

Balt se leva, sombre, la tête remplie des visions de la nuit. Il avait vu son mort à lui et l'autre mort se donner la main, danser autour de son grabat, et tous deux avaient fini par s'asseoir sur son oreiller, posant dessus son estomac leurs pieds froids comme la pierre. Il s'était débattu, et ayant ouvert les yeux, il avait vu dans le crépuscule du matin une silhouette d'homme qui le regardait. C'était Bast, que ses cris avaient éveillé.

Il s'habilla, cassa un peu de pain dans de l'eau, ouvrit un tiroir, lentement, pour ne pas faire de bruit ; et sa main tâtait, cherchant l'argent qui s'y trouvait la veille. Mais il n'y avait plus que de la menue monnaie.

Un juron lui vint aux dents et, au même moment, son frère lui apparut, pieds nus, déterminé.

— Où est l'argent ? fit Balt.

— Il est où je l'ai mis, répondit l'autre.

Alors ils se regardèrent, ayant tous deux sur la peau le verdissement du petit jour passant par la fenêtre. Et Bast continuait à s'avancer, avec une résolution froide qui étonnait Balt, l'empêchait de parler. Il poussa le tiroir, fit le tour de la chambre, cherchant dans les coins, puis s'arrêta.

— Il me faut dix francs, dit-il.

Bast gagnait la porte, sans répondre. L'autre alla à lui brusquement, le retourna de son côté d'un coup sec de la main, et les deux Baraque se regardèrent de nouveau, face à face.

— Cet argent est aussi le mien, dit Balt. Où est-il ?

— Non ! non ! non ! cria Bast.

Une lueur de sang noyait ses yeux. Il croisa les bras, eut l'air d'attendre de pied ferme la colère de son frère, et tout à coup éclata.

Ce n'était pas pour une coureuse comme la Tonia qu'il avait subi des privations, couché sur la dure, mangé du pain sec, vécu comme un chien depuis bientôt dix ans. Il la haïssait, cette femme ; elle avait apporté le trouble dans leur vie ; elle serait cause qu'ils monteraient un jour à l'échafaud, tous les deux. Et il faisait des gestes d'homme exaspéré, en l'accablant des plus gros mots.

Balt eut un rire féroce, l'entendant parler d'échafaud, et secoua sa tête à deux mains, de toutes ses forces.

— Bah ! Elle est sur mes épaules encore, dit-il.

— Plus bas ! fit Bast, effrayé à cause d'un bruit de pas sur le chemin.

Il ouvrit la porte, regarda s'effacer des gens au loin, puis revint sur ses pas et, changeant de ton :

— Balt, dit-il, demandez-moi une livre de ma chair, mais, au nom de notre repos, laissez l'argent où il est.

Balt fit signe que non. Alors le cadet se mit à le supplier, lui offrant cinq francs d'abord, puis par degrés montant jusqu'à sept, et criant, geignant comme si on l'assassinait.

— Voyons, je vous donnerai sept francs. N'est-ce pas bien ? Ils seront à vous : je ne vous les réclamerai jamais.

Mais, comme Balt, devenu violent, exigeait toujours les dix francs, il tira un bas en laine de dessous son matelas, défit la corde, et lui compta la somme, pièce par pièce, disant :

— Tâchez d'en rapporter quelque chose, au moins. Huit francs ! Aïe ! Est-ce assez ? Non ? Neuf francs alors. Ne dépensez pas tout. Pas encore ? Aïe ! Ce pauvre argent ! Tenez, voilà les dix francs !

Balt arriva chez la Tonia au moment où les hommes emportaient la bière pour la mener à l'église.

Des voisins, des femmes, des enfants faisaient un groupe devant le seuil, regardant sortir le corps, et quelques-uns suivirent le cercueil, qui s'en allait seul, sans parents.

Puis la Tonia ferma sa porte, et Baraque resta seul avec elle.

— Mon frère avait caché l'argent, dit-il. Nous ne sommes pas riches, nous vivons pauvrement.

Elle haussa les épaules avec impatience, et sa main s'allongea vers les poches de l'homme.

Il lui demanda si elle avait toujours besoin de cet argent et, comme elle répondait affirmativement, il tira les dix francs, les jeta devant elle, d'un geste bourru, sans rien dire.

Le glas fêlé des cloches pénétrait à travers les volets clos, et la veuve alla voir sur le pas de la porte si le monde ne revenait pas encore. Ensuite, elle fut prise d'un besoin de prier, et elle s'aplatit sur le lit du mort, tout de son long, embrassant le creux formé par le cadavre et marmottant des *pater*.

Une voisine poussa la porte ; tout était fini ; on l'avait descendu en terre ; et subitement la Tonia se calma, n'y pensa plus.

Balt partit, ayant un marché à conclure dans le village.

La commère, alors, s'allongea devant le feu. Les enfants étaient demeurés au cimetière, s'amusant des pelletées que le fossoyeur jetait sur la bière et regardant s'enfouir à mesure leur père, sans rien comprendre. Et la Tonia s'enfonça dans une rêverie profonde.

Elle en avait assez de la misère, des jours d'hiver sans feu, du pain sec, et vaguement elle rêvait d'une vie régulière, bien assise, avec un petit train de maison. L'amour des hommes, du reste, ne la tourmentait plus beaucoup ; elle éprouvait une lassitude de se donner, et quelquefois se disait qu'elle aurait pu vivre sans mâle, à présent, dans un béguinage, comme les femmes à bon Dieu.

D'ailleurs, la ribaude vieillissait ; des rhumatismes raidissaient ses membres ; ses jambes, qui avaient couru les chemins et dansé aux kermesses, semblaient par moments comme enclouées et elle ressentait un énervement de vieilles débauches par tout le corps.

Balt était tombé au milieu de cette décrépitude comme une proie. Elle l'avait pris d'abord ainsi qu'elle avait pris les autres, par habitude de vice ; puis, son sûr instinct de la chair lui ayant fait reconnaître chez le rustre un homme neuf à l'amour, elle s'était mise à l'apprivoiser par ses pratiques et ses ruses. Et Balt, lié à elle d'une paillardise inassouvie, au sortir de sa longue virginité insensible, goûtait dans ce giron de femelle expérimentée des délectations de virilité tardive.

Maintenant que le mari, en s'en allant, laissait la porte ouverte aux réalisations, elle ruminait des plans pour mieux empaumer cet homme avare, brutal et mauvais. D'abord, elle le laisserait absolument tranquille du côté de l'argent ; sa vie à elle s'arrangerait comme elle pourrait.

Mais elle sentait un obstacle : c'était le frère, sur le compte duquel Balt rejetait sa propre crasserie. Bah ! on verrait ; elle savait les sortilèges avec lesquels on vient à bout des hommes, et s'étant mise à rire tout haut, dans le silence de la chambre pleine encore de l'odeur du mort, elle frappa son ventre du plat de sa main.

Elle vendit le lit, l'armoire, la table où travaillait le tailleur, quelques bijoux en argent, et vécut de cela deux mois, se payant des douceurs de pain blanc, de café au sucre et de genièvre.

Puis, à bout de ressources, elle courut le village, s'installa chez les voisins, quelquefois mendiait une tranche de pain sans vergogne. Les enfants partaient le matin et rentraient à la vesprée, menant une vie de gueux. Ils allaient à la maraude dans les villages, faisaient jusqu'à cinq et six lieues par jour, et petit à petit ils prirent l'habitude de nuiter dans les bois. Ils tuaient les poules, les lapins, les petits oiseaux, et les ayant fait cuire au pied d'un arbre, sur un feu de bois, les mangeaient dans des endroits solitaires, de leurs dents aiguisées de jeunes loups ; et cette vie sauvage les avait rendus féroces.

Un jour l'aîné, irrité contre sa mère, lui lança un fer à repasser dans le dos, n'ayant pu l'atteindre à la tête, qu'il avait visée. Et quand Balt se rencontrait sur leur chemin, ils lui jetaient des morceaux de briques, ou de la bouse de vache, embusqués derrière le mur.

XVI

IL venait plus régulièrement. Elle l'avait habitué à la désirer constamment, l'amusant de ses exigences réitérées qui par moments, faisaient chanceler ses genoux sous lui. Des soirées entières, il demeurait sa chose ; quelquefois il s'affaissait dans l'âtre, hébété, avec une pesanteur de bœuf surmené. Il acceptait cette vie sans raisonner, heureux d'avoir pour rien une apparence de ménage.

Puis, l'hiver ramena les enfants au logis. Il fallut les nourrir, acheter de la houille, demeurer au gîte, les jours de gel ; et la grande Tonia vit redoubler sa misère. Une voisine lui offrit bien de l'ouvrage ; mais elle refusa, ayant en haine le travail. Alors, revenue à son ancienne vie, elle fit métier de son corps, aimée comme les femelles des bêtes, au coin d'un bois, dans les champs. Baraque continuait à venir, mangeait de son pain, se chauffait à son feu, avait l'air de ne rien voir.

Un soir pourtant, il eut une colère. Il avait trouvé en venant la porte close et il avait frappé, voyant de la lumière à travers les volets.

La Tonia n'avait pas ouvert. Cependant il était bien sûr qu'elle était au logis ; il avait entendu le bruit d'une chaise remuée, et la lumière, au bout d'un instant, avait été soufflée. Alors une jalousie lui tenailla le cœur ; il se mit à secouer la porte, doucement, puis plus fort. Quelqu'un lui ayant demandé en riant s'il avait envie de crocheter le coffre de la veuve, il remonta la rue, se souvenant d'une porte qui ouvrait sur le derrière de l'habitation.

Il longea une cour de ferme, franchit une haie et se trouva dans l'enclos de la Tonia. Ses deux mains tendues, il tâta la porte, leva le loquet, et tout à coup il vit, à la lueur du feu, Tonia avec un homme.

Il y eut une courte bataille. Il prit l'homme à bras-le-corps, le jeta par dessus la haie ; mais l'homme s'étant pendu à lui, l'entraîna, et tous deux roulèrent, cherchant à se mordre. Puis l'homme, touché dans les côtes par la pointe d'un couteau, lâcha prise. Et Balt rentra dans la chambre. Il saisit Tonia par les cheveux, la traîna à terre, la secoua contre la table, pris d'une fureur désordonnée. À la fin, s'étant échappée, elle lui cassa de toutes ses forces une chaise sur le dos ; et il s'assit vaincu, soufflant à travers son chancre. Dehors, l'homme s'était sauvé.

Alors, la gorge défaite, et tout en ramenant sur le haut de sa nuque ses cheveux épars, elle s'expliqua.

L'homme qui était venu n'était pas son amant, mais le parent de quelqu'un qu'elle avait vu autrefois. Et elle nomma Hein Zacht : ils avaient causé ensemble du garçon meunier. Elle parlait avec un air de sincérité, et il l'écoutait, stupide, voyant le mort s'interposer entre elle et lui. Puis il eut une rage de tout savoir, s'informa de ses habitudes, et, muet d'ordinaire, il devenait presque loquace.

Les paroles de Tonia s'imprimèrent fortement dans sa cervelle. Il eut conscience d'une main sortant de l'ombre, qui le poursuivrait partout, et son humeur s'exaspéra. Il rôda deux heures dans les bois, mesurant de l'œil la hauteur des arbres, machinalement, mais les corbeaux l'effrayèrent. Par moments, il poussait des cris rauques, se frappait à poings fermés la tête et la poitrine, se lançait contre les arbres, le front en avant, comme les fous, et puis s'asseyait, ayant peur de la mort. D'autres fois, il tendait les poings au ciel, maudissait Hein de s'être jeté dans sa vie, et il appelait la mort sur Tonia, sur lui, sur tout ce qui l'entourait. Puis il entra dans un cabaret, s'étourdit avec du genièvre au poivre, et, étant sorti, alla choir dans un terrain où il resta à la pluie, jusqu'au petit jour.

XVII

BAST partit un matin pour la cure.

Le curé était dans son jardin, lisant ses heures, une casquette de loutre rabattue sur les oreilles, et marchait à grands pas.

— Qui va là ? dit-il. C'est Bastian Baraque, je crois.

L'autre approcha, avec un salut de la tête, obséquieux.

— Lui-même, M. le curé.

Et plus bas, regardant derrière les arbres si personne n'écoutait :

— J'viens pour causer, là, un petit moment.

Le curé mit son pouce dans son livre, coula ses bras derrière son dos, et haussant la tête, répondit :

— Parlez, l'ami, je vous écoute.

Ils firent cinq ou six fois le tour du jardin, et Bast parla longuement.

— Voyez-vous, M. le curé, ça n'est pas pour moi. Dieu soit loué ! je n'ai rien sur ma conscience. Mais mon aîné se dérange.

Le curé stoppa une seconde, et fronçant les sourcils :

— Ah ! il se dérange !... Continuez.

— C'est que, M. le curé, il n'faudrait pas avoir l'air de le tenir de moi. Il m'en arriverait du mal.

« Ben, oui, il se dérange, et là, tenez, M. le curé, je vais tout vous dire. C'est avec cette grande p... de Tonia.

Le curé remua ses bajoues, avec dégoût.

— Pouah !

Bast poursuivit :

— Il y aura bientôt quarante ans que je vis, M. le curé, et jamais je n'ai pensé à me marier. Me marier ! ah, bien non ! C'est déjà bien assez difficile de gagner sa part du paradis tout seul, sans se mettre sur le dos une femme et des enfants. Dans tous les cas, on aurait fait son choix. Mais une truie comme celle-là, ça, non !

Il s'animait, puis s'attendrit.

Notre pauvre père défunt, le vieux Zander Baraque, — que Dieu ait son âme ! — en aurait eu deux fois la mort dans les os !

— Vous avez bien raison, excellent ami ! fit le curé, touché. Coquin de temps ! Marchons.

— Si c'était pour faire à mon idée, M. le curé, je donnerais tout à l'église, aux pauvres... Mais faut vivre, laisser de quoi pour des messes après soi... Eh bien ! du train que ça va, n'y aura plus même une messe à espérer pour quand je n'y serai plus ; tout notre pauvre argent passe à cette...

— Bon... Et que faudrait-il faire ?

Il prit sa voix la plus douce, haussa légèrement les épaules :

— Faudrait peut-être bien, M. le curé, que vous lui parliez du danger que court son âme... Je ne sais pas, moi.

Le curé réfléchit un instant, son menton dans sa main, toussa, remit d'aplomb sa coiffure, et finit par dire :

— J'irai, je parlerai... Vous avez bien fait de venir.

Bast rentra la tête dans ses épaules, avec humilité, et, tout à coup, félicita le curé sur son jardin :

— De fameux poiriers, M. le curé ! Je n'en ai jamais vu de plus beaux !

— Ni de meilleurs, fit le digne homme, satisfait.

Et comme ils étaient à ce moment près de la porte du jardin, le curé l'ouvrit, disant :

— Comptez sur moi.

Le lendemain, en effet, vers le midi, on le vit descendre le chemin qui menait chez les Baraque. Il appuyait fortement sur son cornouiller noueux ses mains gantées de grosse laine écrue, et de ses souliers sortait la bordure d'une paire de chaussons de flanelle. Il frappa, criant d'une voix forte :

— Y a-t-il quelqu'un ?

En même temps, il poussa la porte avec autorité, faisant lever les deux Baraque, accroupis devant du bois qu'ils fendaient. Bast avança une chaise, tisonna le bois consumé ; et le curé s'assit, son bâton dans les jambes, après avoir levé sa soutane jusque par-dessus ses genoux.

— Fichu temps, mes enfants... Voulez-vous une prise ?

Il ouvrit sa tabatière, la leur passa, et, à son tour, glissa deux doigts dans le tabac, qu'il roula longuement, cherchant des mots.

— Oui, je passais. J'avais aussi quelque chose à vous dire. Je suis votre père, moi.

Il frappa sa canne à terre, résolûment, et levant la tête :

— Balthazar Baraque, je ne suis pas content de vous. Vous êtes sur une mauvaise pente. J'ai appris vos fréquentations. Mais, malheureux, avez-vous donc oublié votre catéchisme ?

Balt dressa la tête.

— Dites, l'avez-vous oublié ? reprit le curé.

Le paysan eut un mouvement brusque d'épaules et répondit :

— Pour ça, oui, M. le curé.

— Eh bien ! le catéchisme parle des châtiments réservés à ceux qui n'observent pas les saints commandements de Dieu.

Balt fronçait les sourcils, ahuri, se demandant où le curé voulait en venir ; et le vieux prêtre parla avec onction de l'enfer, des âmes, de la damnation éternelle, puis termina ainsi :

— Si vous m'aimez, Balt, si vous avez souci du salut de votre âme, cessez de voir cette femme, dont le nom seul souille les lèvres, et revenez à une vie pure, selon l'exemple de votre brave et digne frère.

Bast, debout derrière son aîné, à chaque parole du curé hochait la tête en signe d'approbation, les yeux demi-clos, sa casquette tournant avec lenteur dans ses mains.

Mais Balt s'étant tout à coup retourné, sous l'aiguillon d'une idée subite, le vit balancer la tête. Alors, il brandit le poing, hors de lui, hurlant :

— Canaille !

Le curé s'interposa, les bras ouverts, ayant à la bouche des paroles d'apaisement et serrant en même temps son bâton entre ses doigts.

Balt continuait à dévorer des yeux son frère, le corps en avant, comme prêt à se lancer, et Balt, rassuré par la présence du curé, hochait la tête avec résignation, semblait prendre le Ciel à témoin des violences qu'il endurait. Le curé frappa la table d'un grand coup de poing, et se plaçant devant Balt :

— C'est moi qui vous parle, entendez-vous ! Moi qui ai pitié de vous ! Moi qui vous défends de vous en prendre à votre frère d'une chose devenue publique et qui fait le scandale du village !

Il lui prit la main, chercha ses yeux, que l'autre détournait, lui reparla avec douceur :

— Voyons, promettez-moi…

— M. le curé, ce n'est pas ce péché-là qui rendra l'autre moins lourd.

Et montrant son frère du doigt, Balt ajouta :

— Demandez-lui.

Il finit par ne plus rien dire, insensible aux objurgations et à la mansuétude. Le curé, doutant de son salut, détala.

Et ils demeurèrent seuls.

Balt éclata ; il frappait les murs, les tables, criait que personne au monde ne l'obligerait à quitter la Tonia, et par moments se rapprochait de Bast, ses larges mains distendues.

Puis cette colère passa ; Balt s'assit dans un coin, eut froidement l'idée de faire entrer la Tonia chez eux, de l'y installer comme ménagère, et il jouissait à l'avance des rages de son frère.

XVIII

Tous deux avaient vieilli de quinze ans, durant ces deux années. En guerre l'un avec l'autre, rongés d'inquiétudes et de privations, ayant de mauvais sommeils remplis de visions effrayantes, ils ployaient l'échine sous l'obsession du mort, le sentant partout mêlé à leur vie, à leurs travaux, à l'année bonne ou mauvaise. La femelle était venue s'ajouter à ce détraquement chez Balt, et une femelle d'un autre genre, la peur, achevait Bast, faisait claquer sa chair sur ses os.

Leur horreur des hommes avait augmenté.

Balt passait des jours entiers dans son champ, au bornage du bois. Il se tenait le plus près possible des taillis et quelquefois, effrayé de la lumière, il gagnait en plein midi leur obscurité. Il y demeurait des heures, replié sur lui-même, avec le dégoût de l'existence. Il aurait voulu être assailli par un animal plus fort que lui, connaître la joie de lutter, disputer sa chair aux dents des chiens, et la minute d'après, il tressaillait à un craquement de branche dans les arbres.

Tonia seule avait le don de l'apaiser ; elle maniait à son gré cette créature exaspérée, la disciplinant sous ses artifices d'amour et ne perdant pas un instant son but de vue.

La plupart du temps, il se tenait enfoncé dans l'âtre, muet, la tête sur la poitrine ; et elle se moquait de lui, raillant son humeur sombre, sans la comprendre. Ou bien, elle limait ses énergies, le plongeant dans des énervements, pour le préparer aux choses prochaines.

Bast, cependant, avait été pris d'une recrudescence de piété. Tandis que son frère s'enfermait aux heures de la messe, redoutant de paraître à l'église, dans la lumière ruisselante des hautes fenêtres, il s'attardait aux offices, accroupi sur ses genoux dans les coins, frappant de *meâ culpâ* retentissants sa poitrine, baisant à pleines lèvres le christ qui était au seuil, près du bénitier ; puis, après vêpres, il revenait par les chemins enténébrés, continuant à marmotter des prières.

Il avait fait vœu de racheter largement par de l'argent le salut de son âme, à une condition toutefois, c'est que Balt mourût le premier ; des espérances criminelles se mêlaient ainsi à ses rêves de pénitence et il mettait de moitié le Ciel dans sa scélératesse.

Au logis, c'étaient des querelles interminables ; constamment, Balt était en proie à des taquineries sournoises et des méchancetés basses. Tandis que, par tempérament, il eût préféré se battre sur le champ à coups de poing ou à coups de couteau, ne sachant plus rien dire quand il était furieux, l'autre s'éternisait dans des reproches, interrompus par ses accès de toux, seulement.

Balt, lassé de ses doléances, finit par lui laisser le soin de la maison. Il fit les marchés, acheta, vendit et, vers la Saint-Martin, prit à bail trois hectares de terre, à quelques minutes de la maison ; il acheta aussi une seconde vache et trois porcs, tremblant toutefois que cette richesse ne parût extraordinaire.

Balt s'effaçait devant cette volonté, installée en maître, avec des airs d'humilité doublés d'une ténacité à toute épreuve ; et en même temps, sa haine contre Bast augmentait de toute la lassitude qu'il éprouvait à se mettre en travers de sa tyrannie.

XIX

CETTE année-là, une maladie de la pomme de terre, qui leur enleva la récolte d'un champ, et des pluies firent manquer les regains. Un chien enragé mordit deux de leurs vaches et il fallut les abattre. Enfin, les porcs engraissèrent mal et s'entonnèrent. Ce fut une calamité.

Bast accusait en lui-même le mort. Peut-être était-il vexé qu'ils l'eussent laissé sans messes, et il redoublait de prières et de pratiques pieuses pour l'apaiser.

Un dimanche matin, après messe, il s'enferma dans la grange qu'ils avaient bâtie sur le cadavre, et Balt l'entendit parler à Hein, sur le ton de la supplication, avec force soupirs et *oremus*.

— Brave Hein ! J'suis pour rien dans l'affaire ; c'est pas moi qui a fait le coup. Si j't'ai un tantinet mis la main au collet, c'est pas par envie de t'faire du mal. Ah bien non ! J'aurais pas seulement fait tort à un de tes cheveux. J'suis un homme doux et dans le malheur. J'ferais pas de la peine à une mouche. C'est lui qu'a tout fait. Mais v'là, faut bien vivre à deux. On est comme qui dirait mari et femme. Et alors, quand tu te revenges, ça nous tombe dessus, à moi comme à lui. Bien ! vrai, j'te le demande, c'est-il juste ? Faut-il que j'paie pour un autre, quand j'ai pas plus à me reprocher que le petit qui vient de venir à sa mère ? Reprends ton argent : j'aime encore mieux vivre sans qu'avec.

En ce moment, Balt se mit à contrefaire sa voix, et Bast l'entendit répéter avec un ricanement ses dernières paroles.

Il eut peur d'être battu et s'arcbouta contre la porte, le dos en boule, écoutant de toutes ses oreilles si Balt n'entrait pas.

XX

Un jour, étant à deux lieues de la maison, le maigre Bast fut abordé par une connaissance. On causa du temps et des affaires, puis l'homme demanda en riant quand aurait lieu la noce.

— Quelle noce ? fit Bast.

Le compère cligna les yeux d'un air entendu.

— Ai donc ! celle de Tonia et de Balt : la grande vache en parle à tout le monde. Il paraît que ce sera pour bientôt.

Bast protesta, mais le paysan haussa les épaules, ricanant :

— Balt n'est pas dégoûté.

Et bien après qu'il l'eut quitté, Bast l'entendit rire encore, derrière les arbres, au loin. Il rentra chez lui avec l'intention de dire une bonne fois son fait à Balt.

— On m'a conté une histoire, fit-il à brûle-pourpoint.

— Quoi ?

— La grande Tonia dit à qui veut l'entendre, que vous allez la prendre pour femme.

— Mes affaires ne regardent que moi, répondit Balt ; je la prendrai pour femme, s'il me plaît.

Bast comprit qu'elle le tenait, que cette femme entrerait un jour ou l'autre dans la maison.

— Eh bien ! dit-il, je me pendrai à une poutre du grenier.

L'autre se mit à rire.

— Je raconterai dans les cabarets que vous me menacez de mort, reprit Bast.

Balt remua les épaules avec dédain.

Et de nouveau Bast reprit :

— On saura qui a fait l'affaire à Hein.

Balt demeura un moment muet, puis répondit :

— Le curé avait raison : je quitterai Tonia.

Ses yeux avaient un regard mauvais, de côté, le regard du chien qui va mordre, et Bast comprit qu'il mentait. Il quitta la chambre, gagna le bois, songeant à ce regard troublé, petit à petit gagné par la pensée que son frère voulait se débarrasser de lui.

Alors, il se rappela les crimes qui avaient ému les villages, cherchant pour son propre compte celui qui exigeait le moins d'audace, et il se souvint qu'étant petit, il avait entendu conter le cas d'une femme qui avait empoisonné son mari ; personne ne s'en était douté ; c'est la femme elle-même qui avait avoué son crime en mourant. Et cela lui allant, il réfléchit au poison.

Le lendemain, Balt ressentit un détraquement sourd dans les membres, sans pouvoir dire ce qu'il avait, et subitement il fut pris de vomissements. Comme ils avaient mangé des moules, il attribua aux mollusques son indisposition, but un bol de lait, et lentement le mal se dissipa.

Bast, pendant ce temps, rôdait par la maison, guettant et se disant :

— Il n'y avait pas assez de phosphore ; c'est à recommencer.

À la tombée de la nuit, Balt sortit comme les autres jours, et la bête le menant, il s'en alla chez la Tonia. La commère, près de son feu, l'attendait, un jeu de cartes étalé devant elle.

— Bonsoir, fit-il.

— Mon homme, dit-elle, chauffe-toi. Il y a quelque chose dans les cartes.

Elle ramassa les cartes, les disposa en paquets sur la table, et se vit pour la dixième fois entre un homme noir et un homme blond.

— Un homme noir est avec moi, dit-elle ; mais un homme blond se bat avec l'homme noir.

Et elle se perdait en conjectures sur l'homme blond ; puis sa voix baissa et elle eut l'air de continuer un soliloque intérieur. Ses longues mains sèches, pendant ce temps, battaient les cartes crasseuses, s'agitaient à travers leurs combinaisons avec des mouvements de possession, et ses yeux s'allumaient, distinguant d'étranges choses. Toujours le mariage revenait, mais empêché par un homme blond, et quelque chose de terrible, que les cartes laissaient dans le vague, terminait tout. Depuis le matin, elle était à la même place, scrutant l'avenir, appelant à l'aide le hasard, oubliant le boire et le manger ; et les cartes ne se démentaient pas, ramenaient ponctuellement aux mêmes endroits l'événement obscur. Quoi ? Elle ne le savait pas ; c'était un malheur, une disparition, un crime, mais sans rien de précis de la part des cartes, si ce n'est que cette chose douteuse tournait à son profit ; et cela fortifiait en elle des résolutions anciennes.

Elle leva les yeux et vit Balt blêmir.

— Qu'y a-t-il, Balt ?

Il passa la main sur son ventre, raconta ce qui lui était arrivé, mettant son malaise sur le compte des moules ; mais elle l'interrompit, jeta les bras en l'air, et tout à coup se colla à lui, en criant miséricorde, comme une femme en gésine. Elle avait des larmes dans la voix, le caressait avec attendrissement, douce, sentant approcher l'heure des réalisations. Puis, à travers ses baisers, elle lui chuchota à l'oreille des supplications criminelles.

— Il n'y aurait plus que nous. T'aurais tout, la terre et l'argent, mon cœur.

Il regardait le feu, muet, et elle reprit :

— C'est lui qui est allé trouver le curé. Lui qui t'a versé du poison ce matin ; il recommencera demain et les jours suivants.

Elle le fit coucher à côté d'elle dans le lit, et constamment lui reparlait de son frère, l'amollissant, l'habituant au crime.

Cela dura une semaine.

Un soir, il entra ; il paraissait troublé, et dit :

— C'est cette nuit qu'on coupe la tête à l'homme qui a tué son père. Je pars.

Elle voulut le dissuader, craignant que ce spectacle ne le rendît lâche au bon moment ; mais il secouait la tête, disait non ; quelque chose l'attirait invinciblement ; alors elle eut une curiosité, lui demanda de l'accompagner, et ils partirent à deux, au milieu de la nuit. Ils rencontraient par ci par là des gens de la campagne qui allaient voir comme eux.

Une pluie fine tombait, perçait les habits, puis cessa à l'aube, et tout à coup Balt ressentit une secousse. Devant lui se dressait la guillotine.

Tout autour, des soldats de la ligne faisaient la haie, séparés de l'échafaud par un espace de quelques mètres, où des gendarmes manœuvraient, le mousquet sur la cuisse.

Sur la plate-forme, trois hommes en noir se mouvaient : c'étaient le bourreau et ses aides, et tous trois faisaient des gestes pressés et gauches, hués de la foule, par moments. Puis il y eut un énorme remuement de têtes, une rumeur sourde, profonde, mêlée au commandement des officiers, au bruit des armes, au piaffement d'un escadron qui arrivait, et la foule recula, repoussée à la crosse par les soldats, puis reflua en avant, d'une poussée immense, ayant vu l'homme apparaître sur les marches de l'échafaud. Il marchait délibérément, regardait la foule, les soldats, la rue, au loin, et un prêtre l'accompagnait, une main posée sur son épaule, un crucifix dans l'autre main. Le prêtre montrait, en lui parlant, des dents très blanches.

Il y eut un répit de quelques minutes, et subitement Balt vit les aides se ruer sur le condamné, le jeter par terre, et il entendit un coup sec suivi immédiatement du hurlement de la foule, tandis que quelque chose basculait dans le vide, confusément. Des gens gagnaient au galop les cabarets, blêmes, claquant des dents, ou criaient, traqués par les gendarmes qui balayaient la place ; et Balt se mit à rire, imitant d'un geste le couteau qui tombe. Hou ! et tout est dit. Il était très calme ; il lui semblait qu'il aurait montré le même courage que l'homme, et tout en causant, la Tonia et lui entraient dans les estaminets, buvaient du genièvre, éprouvant un besoin de se griser. C'était la Tonia qui payait ; un fermier avait passé une heure chez elle et lui avait donné de l'argent.

XXI

BALT et la Tonia s'attardèrent jusqu'à la nuit.

La journée, commencée par un spectacle, s'acheva dans une soûlerie. La Tonia ayant ri avec des passants, il tomba sur elle à coups de poing, narguant l'échafaud, à travers des hoquets d'ivresse.

Mais les lampées avaient amolli la commère ; elle se ramassa en boule, le laissant frapper et lui disant avec tendresse :

— Tape, l'homme, si c'est pour ton plaisir !

Tout en buvant, elle suivait son idée de grasse vie, et, de temps à autre, le stimulait contre son frère, lui reparlait de n'être plus qu'à deux dans la maison, avec un bon magot. Cela traversait alors comme une fête la cervelle obscurcie de Balt, et il faisait le geste d'assommer quelqu'un dans la nuit.

À un tournant de chemin, il trébucha, s'abattit dans une flaque, la face contre terre, et aussitôt se mit à ronfler. Elle voulut l'éveiller, le secoua, le frappa de son talon ; mais il se retourna seulement, bougonnant des mots sans suite. La bière avait frappé comme d'un coup de maillet son corps insuffisamment nourri. Elle, au contraire, plus habituée aux gaîtés de la boisson, demeurait plantée dans le chemin, comme un tronc d'arbre, raide et ferme sur ses jambes.

Elle commença par le tirer de la flaque, le coucha contre un talus, puis, se courbant, un genou en terre, elle le fit basculer sur son épaule et, comme une charge de fagots, le porta par la nuit, ses pieds largement posés à terre.

La maison des Baraque était distante d'un quart d'heure de marche ; elle y arriva enfin, et heurta à la porte. La tête blême de Bast apparut dans le vacillement rouge de la lampe, et soudain ses yeux s'écarquillèrent.

— Mort ? demanda-t-il vivement.

Elle secoua la tête.

— Non.

Il rengaîna la petite comédie de désolation qu'il se préparait à jouer, furieux d'être déçu. C'était bien la peine d'éveiller les gens à cette heure ! Qu'est-ce qu'il avait de commun avec cet ivrogne ? Est-ce qu'il se soûlait, lui ? Etc.

Il ouvrit la porte au large et montra le lit, dans l'ombre. La Tonia se dirigea de ce côté, fléchit l'épaule, brusquement laissa glisser Balt de ses épaules. Le corps, emporté par son poids, s'aplatit sur le grabat, de son long. Puis, ils restèrent en présence, Bast et elle, se regardant, et elle le trouva doux, plus joli que son frère.

Bast, au contraire, la couvait de ses yeux haineux ; et tout à coup il prit un bâton, menaçant de la battre si elle s'entêtait à rester.

Elle lui allongea son poing sous le nez, attira une chaise et s'assit.

— Chassez-moi à présent, dit-elle.

Cette attitude le déconcerta.

— Bah ! fit-il, c'est pour rire.

Il tournait autour d'elle, la regardant de côté, et elle suivait ses mouvements sans montrer de crainte. Puis il s'approcha. Ses mains se tendaient comme pour l'étrangler ; mais une concupiscence l'amollit, et le geste commencé dans la haine s'acheva dans de la douceur. Il chiffonnait son corsage, à présent, s'animant petit à petit au contact de cette chair. Elle le laissait faire, passive, habituée à la main des hommes ; et à la fin, la sensation de l'avoir pour ami lui paraissant étrange, elle eut un rire.

— Ah ! Tonia ! dit-il, si ce n'était pas mon frère !

Elle haussa les épaules. Il s'assit près d'elle alors, baisa sa nuque, et l'idée de la tenter se mêla à ses rages de célibataire. Il parla d'une voix sourde, avec lenteur.

— C'est moi qui tiens l'argent.

Elle élargit les yeux et doucement passa la main sur le cou du paysan.

Il reprit :

— Il y a là, quelque part, de quoi acheter une maison, de la terre, des vaches, un cheval, des porcs.

— L'homme, lui dit-elle, vous avez la peau plus fine que Balt.

Il hésita une seconde, et lui voyant les yeux brillants, il ajouta très bas, comme s'il se parlait à lui-même :

— Mon frère mort, j'aurais cherché une femme et nous aurions vécu dans le plaisir et la joie.

Elle sauta sur ses genoux, d'un mouvement sec de son corps mince et long :

— Mon Bast, embrasse-moi.

Il la serra contre lui, et tremblant de désir, les dents entrechoquées par une fièvre d'amour et de mort, il lui souffla à l'oreille, dans un halètement :

— On pourrait être deux !

Tonia approuvait de la tête, les yeux perdus devant elle, un sourire stupide sur les lèvres ; et de la chambre voisine leur arrivait le rauquement de Balt ronflant comme un bœuf.

Il y eut un silence ; puis la langue de la femme se délia, et elle l'agaçait en même temps de ses gestes délurés.

— Tiens ! l'homme, que je te dise : faut prendre attention à l'autre.

Il vit que ses prévisions étaient fondées et grommela des injures sourdes contre ce frère détesté ; puis, tout à coup, feignant une grande colère :

— Si le plafond pouvait l'écraser, il n'aurait que ce qu'il mérite.

Elle montra ses dents dans un large rire bête :

— Merci ! j'serais sans homme, du coup !

Il ne l'écoutait plus. Il rôdait maintenant à travers la chambre, secoué par une quinte et tournant vers le mur sa face convulsée ; puis, le haut de son corps disparut un instant dans l'ombre projetée par l'angle de la cheminée. Quand il en sortit, il tenait à la main un maillet.

— Et dire qu'il n'y aurait qu'à lui laisser tomber ça sur la tête, rien qu'une fois, une seule petite fois, pour devenir Madame Baraque !

En même temps, il lui coulait le maillet dans les doigts, très doucement, comme à travers une caresse.

Elle le regarda, épouvantée, et machinalement serra le maillet. Il avait un sourire bénin sur la bouche ; et, d'un mouvement de tête imperceptible, sans plus rien dire, lui montrait la chambre où était couché Balt.

Ils gagnèrent le lit sur la pointe des pieds, Bast cachant derrière son dos le maillet qu'il avait repris, et de l'autre main tendant devant lui la lampe.

La Tonia le suivait, les yeux ardents, docile, et leurs deux silhouettes s'allongeaient sur le mur, brisées au plafond, avec des vacillements.

Bast posa la lampe sur un escabeau, s'approcha du chevet, la tête tournée vers la femme qu'il appelait, et un silence énorme régnait dans la chambre, interrompu seulement par le ronflement moins fort du dormeur.

Il leva le maillet, fit mine de le laisser retomber, et il ne cessait pas de l'appeler de la tête, qu'il remuait à petites fois. La Tonia s'avança d'un pas, attirée par cette mimique, et subitement s'arrêta, un cri d'horreur dans la gorge.

Balt venait d'ouvrir les yeux.

Bast fit un mouvement pour reculer ; mais il était pris à bras-le-corps déjà, et les mains de Balt le serraient avec une force d'étau. Alors, il se mit à battre le vide de ses bras, cherchant à se dégager, et il frappait des coups, au hasard. Puis il perdit la tête, tira son couteau, en donna deux coups dans la nuque de Balt.

Ils roulèrent à bas du lit, étroitement accrochés, et tantôt l'un avait le dessus, tantôt l'autre faisait des efforts terribles pour le reprendre.

Bast continuait à frapper de son couteau, ne sachant où, dans de la chair par moments, et d'autres fois dans l'os, dans les habits, avec une sauvagerie fébrile. L'autre se battait avec les mains, faisant peser la lourdeur de son corps sur Bast, plus mince que lui, et mordait, la bouche ouverte, ayant aux dents de la peau arrachée, des lambeaux d'habits, des cheveux.

Des moiteurs rendaient leurs peaux huileuses, sans prise pour les mains par instants, et une viscosité de sang faisait glisser leurs genoux. Les habits s'en allaient par morceaux, découvrant leurs dos, leurs ventres, avec des bouches béantes de plaie ; et tous deux hurlaient quelquefois à l'aide. La Tonia, aplatie contre le mur, dominait ce carnage.

L'escabeau sur lequel était la lampe trébucha en ce moment. Alors la lutte s'acheva dans la nuit.

Elle battait les murs, les lits, les pieds de la table d'un choc continu, avec une effrayante rumeur sourde de râles et de membres broyés, qui par moments traînait, avait l'air de monter de dessous terre.

La Tonia, penchée sur leurs agonies, essayait de conjecturer quel serait le vainqueur, et de temps en temps passait une allumette sur le mur. Vers le matin, l'odeur du sang lui tournant le cœur, elle ouvrit la porte et se mit à marcher droit devant elle. Quand elle revint, elle trouva Nol en train de pousser à coups de balai, du côté de la fosse aux fumiers, deux masses humaines effroyablement défigurées.

Octobre 1878.

FIN.